国家出版基金项目
NATIONAL PUBLICATION FOUNDATION

中华民族文化大系

【赫哲族】

乌苏里渔歌

主编　都永浩

总顾问单位　国家民族事务委员会

上海锦绣文章出版社　上海文化出版社

中华民族文化大系

《乌苏里渔歌——赫哲族》

主　编

都永浩（朝鲜族）　黑龙江省民族研究所研究员、所长

撰稿专家（按章节顺序排列）

刘玉亮　黑龙江省民族研究所特聘研究员

都永浩（朝鲜族）　黑龙江省民族研究所研究员、所长

谷文双（回族）　黑龙江省民族研究所研究员

尤文民（赫哲族）　黑龙江省民族博物馆研究馆员

姜洪波　黑龙江省委政策研究室研究员

南湖湿地晨曦（图/冷菊贞）

阿地里·居玛吐尔地（柯尔克孜族）

陈　倩

陈　徵

陈丹正

陈勤建

罗春寒（水族）

和少英（纳西族）

金黎燕（景颇族）

周亚成

周志军

周国茂（布依族）

周艳梅

郑继强（仡佬族）

房剑森

孟旭彦

赵卫星

赵昌平

郝苏民（回族）

胡文明（普米族）

段　超（土家族）

俞惠煜

姜复生

姜逸青

袁晓文（藏族）

都永浩（朝鲜族）

贾合甫·米尔扎汗（哈萨克族）

夏　蒙

夏一鸣

热依拉·达吾提（维吾尔族）

铁穆尔（裕固族）

徐　炯

徐艺乙

高志英（纳西族）

高韵斐

郭　锐（佤族）

郭志超（回族）

郭建斌

黄永松

曹先强（阿昌族）

鄂崇荣（土族）

康南山（傣族）

彭卫国（土家族）

葛剑雄

蒋澄澜

覃德清（壮族）

傅爱明

街顺宝（彝族）

童翔蔚

蓝炯熹（畲族）

赖永良（德昂族）

蔡武成（傈僳族）

阚宁辉

樊人龙

滕春华（俄罗斯族）

颜莹舫

毅　松（达斡尔族）

潘晓岗

吉祥饶河（图/冷菊贞）

弘扬优秀民族文化
打造传世文化精品

中国自古就是一个统一的、多民族的国家，各民族之间交往频繁，相互依存，相互融通，血肉相连。上下五千年的中国史，就是各民族交往交流交融的历史，各民族的交往交流交融也是中华民族自我完善发展的强大推力。我国各民族都是中华民族大家庭中的成员，各民族团结进步是中华民族的生命所在、力量所在、希望所在。只有加强各民族交往交流交融，在共同生产生活和工作学习中加深了解、增进感情，才能促进各民族和睦相处，像石榴籽那样紧紧抱在一起，在中华民族大家庭中守望相助、和谐共生。

文化是民族的精神血脉，积淀着民族深沉的精神追求，代表着民族独特的精神标识，文化自信是国家发展更基本、更深层、更持久的力量。中华文化是一个有机的整体，优秀的民族文化是中华民族深厚的历史文化和丰富的人文风情的重要组成部分。中国56个民族的文化尽管个性纷呈，但是它们都深深根植于整个中华民族文化的丰厚土壤里，既特色多元又融为一体，“各美其美，美美与共”，共同创造了源远流长、灿烂辉煌的中华文化，对延续和发展中华文明、促进人类文明进步，发挥着非常重要的作用。

各民族优秀的文化事项和文化元素，不仅是各民族的文明精华，更是今天整个中国文化大发展的源头和根基。我们要坚持辩证唯物主义和历史唯物主义，不断赋予新的时代内涵和现代表达形式，不断补充、拓展、完善，使中华民族最基本的文化基因与当代文化相适应、与现代社会相协调、与时代需求相结合。优秀的民族文化元素一旦与现代理念和技术相结合，必将焕发出勃勃生机，有利于中华文化在今天的世界多元文化中彰显出自己的特色与个性，有利于促进新一轮的中华文化大发展。

习近平总书记在中央民族工作会议上指示:“让各族人民增强对伟大祖国的认同、对中华民族的认同、对中华文化的认同、对中国特色社会主义道路的认同。我们越是接近民族复兴的目标,就越需要汇聚全民族的磅礴之力。”民族问题是事关国家长治久安的核心和要害问题,民族团结是实现中华民族伟大复兴中国梦的基石和“助推器”,向广大民众展示、解读、传播、弘扬各民族优秀文化,促进各民族相互了解、相互尊重、相互包容、相互欣赏、相互学习、相互帮助,具有十分重要的意义,是非常必要、非常迫切的任务。只有加强民族之间的相互了解,才能消除偏见和误会,让民族团结之花常开长盛,共建美好的中华民族大家园。

上海文艺出版社、上海市国际文化传播协会、上海文坊文化传播有限公司多年来一直致力于中华民族优秀传统文化的弘扬及其创造性转化和创新性发展,取得了诸多成果。由三家单位策划的这套“中华民族文化大系”大型丛书汇集众多民族文化研究成果,集聚一流的民族文化专家学者,解读各民族悠久灿烂的文化,展示中华民族共同的精神家园,极大丰富了国民的文化认知。为配合做好新形势下的民族工作,出版这类既有主体观、本土观,也有他者观、国家观,既立足于学术,又为群众喜闻乐见的普及型著作,可谓恰当其时。这套丛书虽然是一部以传统纸质印制的图书,但又不拘泥于纸张,利用现代理念和技术进行文化整合创新,使传统图书与各种新兴媒体表现手段有机结合,在可读性、大众化方面进行了独具中国特色和当下风格的内容表达与视觉呈现的探索,以期让读者获得更完整、更全面的阅读体验。

我国众多民族与周边各国的民族和人民之间有着千丝万缕的联系,而民族文化具有独特的魅力以及广泛的文化传播力,尤其是与“一带一路”国家战略高度契合。希望这套丛书可以推动中华优秀文化的国际传播,推动中外文化的交流互鉴,成为中国民族文化“走出去”的力作。同时,这套丛书也将以令人信服的内容成为世界准确客观了解中国的窗口,并回答国际社会对我国民族问题的关切和期待。

2016年12月29日,习近平总书记致信祝贺《大辞海》出版暨《辞海》第一版面世80周年,对出版工作作出了“坚定文化自信,坚持改革创新,打造传世精品”的重要指示,作为富有责任感、使命感的出版文化工作者,我们更有义务做好弘扬优秀民族文化、打造传世精品的工作,讲好中国故事,谱写中国篇章,宣传中国文化,担当中华优秀文化的传承者和守卫者。

本书编委会

2017年6月

目录 CONTENT

目录 CONTENT

目录　CONTENT

目录 CONTENT

大顶子山上仰望星空，在中华民族灿烂的星河里，赫哲族也是亮晶晶的一颗(图/冷菊贞)

序言一

费孝通先生认为，赫哲族传统文化因为没有民族文字的缘故，加之人口少，所以是简单的、单纯的，一旦与现代文化接触、交流，就必然是脆弱的，其处于弱势状态乃至消失是必然的。费老提出国家更应该帮助赫哲族的发展，解决人口较少民族的发展问题。这就是国家加大力度支持像赫哲族这样的人口较少民族的肇端。

人口较少民族发展的一个样本

刘明（赫哲族）
黑龙江省民族事务委员会主任 省宗教局局长

》欣闻“中华民族文化大系”《乌苏里渔歌——赫哲族》即将由上海世纪出版集团出版，我非常高兴。通过赫哲族卷，可以在世界范围宣传赫哲族目前的发展成就，这对黑龙江省乃至全国的民族工作成就都是很好的宣传途径。

》赫哲族大多居住在黑龙江省，第六次全国人口普查时人口为5354人，比第五次全国人口普查时的4640人，增长15.39%，居住在黑龙江省的有3613人（2010）。赫哲族主要分布于同江、饶河两市（县）的街津口、八岔、四排3个赫哲民族乡，另外，还分布在佳木斯市郊区敖其镇所辖的敖其赫哲族村，抚远市所辖的抓吉镇抓吉赫哲族村、南岗赫哲族村和抚远镇红光赫哲族村。

街津口的野生黄花，自然生长，无拘无束

》赫哲族作为主体在黑龙江省的少数民族，人口虽然很少，却在历史上产生过重大影响。比如，作为黑水靺鞨、黑水部、野人女真、生女真的一部分，其先祖与大金国的女真族、清朝的满洲族同出一源，也就是都与黑龙江中下游的黑水部有关。黑水部诸族群以骁勇善战著称，历代统治者对其都有所忌惮。所以，清入关以前，如何安抚、控制这些赫哲人就成为清廷最为重视的政治战略之一。后金和清进入中原前，有四项稳定后方、充实力量的战略目标——控制和利用蒙元势力、

肖像绘制/丁德武

赫哲族、索伦诸部、李氏朝鲜。所以从明万历二十七年（1599）直到清顺治元年（1644）的近半个世纪，为实现四大战略目标之一，努尔哈赤和皇太极在50年中17次征讨赫哲族地区。后金和清廷倾注全力，采取刚柔相济的政策，使僻远分散、互不相属、各自为政的赫哲族聚居区成为清王朝的重要组成部分，被编户入旗的赫哲族人多达2万人，要知道，八旗入关前也不过10万人，可见赫哲族的历史重要性。

在政府的关心下，赫哲族的居住条件大有改善（图/冷菊贞）

》因为历史的原因，赫哲族成为了一个跨境民族，目前，俄罗斯有那乃人（赫哲族）2万多人，还有与那乃人同源的乌尔奇人3000余人，所以，全世界的赫哲族（含那乃人、乌尔奇人）只有3万人左右。

》对于赫哲族这样的人口较少、历史上又声名显赫的民族，黑龙江省无论在民族工作还是在民族研究中都给予了极大的关注。20世纪90年代，黑龙江省民委主任舒景祥，是一位很有影响的赫哲族优秀干部，曾经担任过县委书记。他主持了对赫哲、鄂伦春、鄂温克等人口较少民族的重点扶持工作，在住房、教育、医疗和生产等方面，给予了全方位的支持。当时，赫哲族面临渔业资源衰竭导致的生产方式的调整问题，也就是弃船上岸后的产业选择问题。黑龙江省民委为此做了大量的工作，取得了很好的成效，在人口较少民族的工作上积累了丰富的经验，“人口较少民族”的提法也是在黑龙江省民委的工作文件中最早出现的。

赫哲族聚居地饶河县的秋天（图/冷菊贞）

》费孝通先生也非常关注赫哲族。1999年7月底至8月初，他赴黑龙江省哈尔滨市、佳木斯市、同江市对赫哲族进行了考察和研究。在考察中，费孝通先生开始对赫哲族等人口较少民族所面临的一些问题做了综合性的思考。

》一是人口较少民族的发展问题。费老在考察中看到，当时的赫哲族还没有完全实现转产，也就是说赫哲族的生计还是个问题，如何在上岸后从事好其他产业？譬如如何从事农业，如何解决对农业没有感情、兴趣不大的问题，如何解决农业生产技术问题，费老都非常关注。后来，在赫哲族地区实施了帮扶计划，汉族农民帮助赫哲族种小麦，朝鲜族农民传授种植水稻的技术。由此，费老提出人口较少民族的自我发展能力问题，他认为政府的支持是必要的，但同时赫哲族本身应该提高自我发展能力，尽快地富裕起来，踏上小康之路。

俄罗斯境内那乃人（赫哲族）妇女的传统服饰（图/刘玉亮）

》二是关于人口较少民族与大家庭的辩证思考。在赫哲族地区，费老看到了这个历史上发挥过重大作用，而今落后于全国发展水平、人口只有3000多人的民族，仍然没有解决与全国同步小康的问题，他进而想到了鄂伦春等北方人口较少民族和南方的人口较少民族，都面临着同样的问题，所以提出了“小民族，大家庭”的思考。费老认为，人口较少民族人口少，但民族的数量不少，占了39%，是中华民族大家庭的重要组成部分，解决了他们的问题，就是解决了39%的问题。

1999年7月底至8月初，费孝通先生对同江市街津口赫哲族乡的赫哲族进行了考察和研究，提出了“小民族，大家庭”的思考，这是多元一体理论在人口较少民族问题上的应用，也为国家其后大规模加速扶持人口较少民族的发展，奠定了理论基础。图为费老在街津口与赫哲族干部、村民的合影（图/黑龙江省民族研究所）

这是多元一体理论在人口较少民族问题上的应用，也为国家其后大规模加速扶持人口较少民族的发展，奠定了理论基础。

》三是关注赫哲族的文化问题。在现代社会，人口较少民族想要保存传统的民族文化非常困难，这与人口众多民族是有很大不同的。人口较少民族的文化根基不深，文化传承的基础不牢靠。事实也是如此，尽管国家给予赫哲族全力帮助，但仍然阻止不了赫哲族传统文化的加速消失。首先我们看到民族语言消失了，费先生到赫哲族地区考察时，赫哲族的语言已经处于消失状态，没有一个人可以熟练地说赫哲语。语言消失了，赫哲族最重要的精神载体“伊玛堪”（一种有讲有唱、以唱为主的传统民间口头文学形式）就失去了传承的基础，其他民间文化同样如此，民族语言教育也不存在了。费老认为，赫哲族传统文化因为没有民族文字的缘故，加之人口少，所以是简单的、单纯的，一旦与现代文化接触、交流，就必然是脆弱的，其处于弱势状态乃至消失是必然的。随着民族语言交流功能的消失，民族文化的核心萨满教的消失，许多传统技艺也消失了。近年来，由于旅游业的发展，出现了复制传统技艺文化的现象，但复制文化不是传承文化，因为其功能变了，变成了完全的商品。

赫哲族传统技艺——鱼皮画
(图/刘玉亮)

》基于此，费老提出国家更应该帮助赫哲族的发展，解决人口较少民族的发展问题。费老的“小民族”概念，不仅仅是人口少的概念，还包括文化极其弱势、易

当代赫哲族的传统祭祀中融入了萨满歌舞文化元素(图/冷菊贞)

于消失的问题，包括自我发展能力不足的问题。如果国家不帮助，靠自身的力量，人口较少民族很难自我发展。这就是国家加大力度支持像赫哲族这样的人口较少民族的肇端。

赫哲风情园里的姑娘带您体验赫哲族传统文化（图/孙志江）

》时至今日，赫哲族的发展问题已经得到了一定程度的改观，农民人均收入高于同地区农民的收入水平，经济的多元化发展也已成现实。赫哲族是我国第一个实现九年义务教育的少数民族，传统文化传承和保护也有了明显的进步。赫哲族聚居区的各级政府每年投入资金用于原创歌曲、舞蹈、各类文学作品创作、传统技艺等的发展。各地的各类具有民族文化元素的文艺演出频繁，已逾千场。2013年10月，佳木斯市在北京民族文化宫成功举办了“佳木斯赫哲文化周”，集中展出了200多件实物和近千幅图片，以“神秘赫哲”“赫哲故里”“佳木斯名片”为主题，全面介绍了赫哲族历史文化和发展成就，这也是当时全国28个人口较少民族的首个专题展。

》今天，赫哲族已成为一个观念开放、文化包容、勇于开拓的民族，也是民族团结的典范，很多赫哲家庭都是由不同民族的成员组成。赫哲族的发展现状，完全印证了我国的民族政策特别是人口较少民族的政策，在全世界都是成功的。

》衷心祝愿“中华民族文化大系”《乌苏里渔歌——赫哲族》的出版、发行，能够成为向世界传达赫哲族的中国梦、展现中华民族向心力的契机。

2015年10月12日

赫哲人的日子越过越开心（图/冷菊贞）

北大荒的早晨，红日似火，江河如带（图/孙志江）

由萨满教的万物有灵我想到一个问题，中国的东北屡兴强族：鲜卑、契丹、蒙古、鞑靼、女真、高句丽等，均曾极其强盛。到了清朝初期，赫哲、鄂温克、鄂伦春族具有无往而不胜的战斗力。这些民族均是萨满教的信奉者，都有氏族树、萨满树和三界观信仰。他们认为生而必至死，而死则是生的开始，如果死得正义则会生得优越。所以，这些民族的将士几乎无所畏惧，视死如生。

在历史的长河中追寻赫哲人

都永浩(朝鲜族)
黑龙江省民族研究所研究员

》在中国，赫哲族是人口很少的北方民族，主要分布于黑龙江、松花江、乌苏里江流域的三江平原和完达山余脉；在俄罗斯，那乃人和乌尔奇人与中国的赫哲族同属一个民族，约有两万余人。从一定意义上说，赫哲族也是一个跨境民族。

》赫哲族语言属阿尔泰语系满-通古斯语族满语支，没有文字。

》我虽然是土生土长的黑龙江人，但上大学前并不知道赫哲族的存在，居住地的偏远、文化视野的狭促、信息的闭塞真的会使人孤陋寡闻。考上大学以后，接触了很多不同民族的学生，我感到很新奇，很想叩启这些“陌生人”的心扉，了解那片神秘的天空下他们生活的神奇的土地。在大学期间，我知道了当时全国人口最少的民族——赫哲族就生活在我的黑土地家乡，而且不可思议地以捕鱼为生。

》后来我到黑龙江省民族研究所工作，令我诧异的是赫哲族的名气很大，是研究所的主攻研究方向，因为她的人口少和独特，以及她是唯一的绝大多数人口都聚居在黑龙江省的民族。研究赫哲族成为我们天经地义的责任。所以，当时只有二十多人的黑龙江省民族研究所，就有三位同事以研究赫哲族为主。

捕鱼归来，小船静泊乌苏里江
(图/刘玉亮)

《乌苏里船歌》
扫描二维码，优美的音乐会在您耳边响起

肖像绘制/丁德武

》我很快就有了近距离接触赫哲族的机会。1986年的8月，黑龙江、松花江、乌苏里江流域的三江平原和完达山脉最美的季节，黑黝黝的土地和一望无际的湿地、泡沼，不是很高的山冈葱葱郁郁，都让人的心情无法不好。在赫哲族学者韩福德的陪同下，我们一行六人来到了饶河县的四排赫哲族乡，除了研究所的两位同事外，还有佳木斯市电视台的记者和摄影师各一位。我们此行的目的是拍摄一部反映赫哲族捕鱼生活的纪录片。

》经过一天的颠簸，终于在夜幕降临之际来到了四排赫哲族乡。第二天清晨，映入眼帘的这个赫哲族村庄似乎与当地的汉族村庄并无明显的差异，多数民居是泥土草房，砖瓦房并不多见。最能体现赫哲族特色的是到处晾晒的鱼肉条。赫哲族兄弟将那些捕捞上来一时吃不完的鲇、怀头等鱼，去头破膛，清洗干净，然后把瘦鱼或鱼的瘦肉部分切成一指宽的肉条，经明火烤熟后，再去掉鱼骨，拿到室外晒干并储存起来，以备不时之需。其中，大马哈鱼（鲑鱼）是非常著名的鱼种，是河海两栖鱼，在河水溪流中生活1—5年后，再顺流进入日本海沿岸生活2—4年。每年8月至翌年1月是产卵期。为了繁衍后代，鱼群溯流而上，穿越激流险滩，跳跃瀑布堤坝，一路长途奔波才能到达产卵的河流泡泽，不少鱼儿还命丧旅途。产卵后，鲑鱼就会死亡，结束它忙碌的一生。赫哲人特别喜食鲑鱼，它是制作生鱼片的绝佳品种。那些一时吃不完的鲑鱼，被做成鱼坯子储存起来。当时的野生鲑鱼很容易捕到，因此村里到处摆放着、晾晒着、堆积着这种鱼坯子。

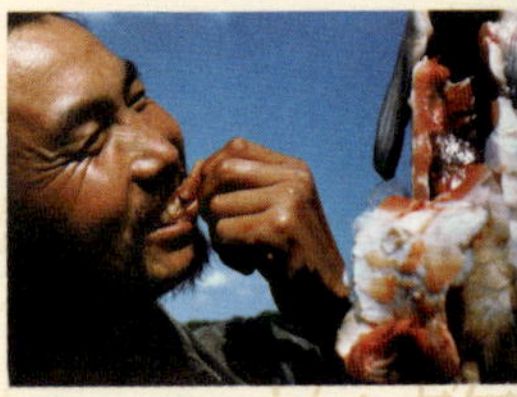

以渔猎为生的赫哲人，喜食生鱼（图/黑龙江省民族研究所）

一网捞出丰收年

》 当然，最能体现赫哲族居住特色的莫过于那一幢幢“塔克吐”（鱼楼子），这种家家户户用来存储鱼干、肉干、粮食、干野菜、各种捕鱼猎兽工具及其他物品的桩式建筑，多建在正房的东南侧或西南侧，一般离地面高1.5米左右，常用4根或6根粗木方子做柱脚，底部用板子或圆木搪起来，四周则用细木圆杆圈围（有的用柳条编墙），顶部苫一些茅草或桦皮。由于它距离地面有约1.5米的空间，通风良好，雨水雪水雾水不能侵及，所以十分隔潮，鼠类等小动物和家畜又很难上得去。“塔克吐”内部面积不大，没有窗户，设有一个角门，以方便进出存取物品。由于鱼楼子建在木柱上面，为了上下便利，赫哲人制作了一个活动式梯子。鱼楼子里面十分凉爽，每当夏季闷热的夜晚，经常有人到“楼”上过夜。

》 我在这个村子住了一周，并未发现有人穿民族服装，传说中的鱼皮衣服也没有见到。不过在一户人家中的“塔克吐”里，看到一套陈旧的成年男人的鱼皮服。

开江捕得鱼满舱

》 绝大多数赫哲人已经忘记了自己的民族语言，而是说着一口流利的当地汉语。只有个别的“伊玛堪”歌手还能说一些赫哲语。此时的赫哲人，事实上与当地汉族农民没有明显的差异。当然这是一种表象，他们铭刻于内心的自我认同和那些记载着祖先生活的故事、传说及独特而悠扬的民歌，时刻提醒着人们——他们是这片土地的主人，这里曾经发生过无数神秘、悲壮或凄美的故事。

》 在四排村，有一位著名的“伊玛堪”歌手葛德胜。提到他，人们无不露出敬仰之情。葛德胜能用汉语和赫哲语说唱完整的“伊玛堪”，如《香叟莫日根》《满斗莫日根》《阿格弟莫日根》《木都里莫日根》《西尔达鲁莫日根》（赫哲语“莫日根”指英雄），等等。“伊玛堪”反映的是部落间的战争和相互兼并的历史，其中的英雄、美女和神灵、奇异习俗，令听者特别向往那个时代，甚至很想穿越时空，以“比武择婿”的方法娶到一位人神一体的倾城美女。

》 我们前往葛德胜家时怀着朝圣般的心情。那天他不在家，据说划船下江打鱼去了。葛家是一间泥草房，比较简陋。门，用一根木棍顶着。那时的赫哲族村民风淳朴，夜不闭户。后来我们见到一位鹤骨松姿十分和蔼的老者，从他那得知了葛德胜成为著名“伊玛堪”歌手的缘由。

》 除了采访和调研，我们还要体验赫哲族的捕鱼生活。那日清晨，我们随船下江，就是著名的乌苏里江。这是一条带着原始美的江，不是很宽，一水碧波荡漾，两岸青山叠翠，草甸沼泽如翡翠般任意铺撒。这是一条界江，对岸是俄罗斯。俄罗斯人很少捕鱼，聪明的鱼儿本能地躲到靠近俄方的水域去了。

》 那天我们捕到了很多鱼。这条船的主人非常高兴，一边唱着《乌苏里船歌》一边摇着桨，还向遇到的渔民炫耀一番。靠岸后，在河边拢了一堆篝火，我们就着烤鱼和生鱼片喝了很多酒，傍晚才回到村里。

回到住处我才知道，真正的大餐会在晚上开席。在一户赫哲人家里，主人为我们做了七八道菜，至今难忘的是两道菜。一道是“苏拉卡”。本来是冬季吃的，但因当时可以冷冻，有幸品尝到正宗的“生鱼刨花”。他们剥去狗鱼、白鱼、哲罗、细鳞等冻鱼（最初用鲟、鳇鱼）的皮，用刀子切成薄薄的片，如同刨花一样。也可以用木匠刨子把冻鱼肉削成一片片的鱼刨花。把鱼削好后，加一些拌菜，再添一些调味品，即成。“苏拉卡”入口即化，极为鲜美。另一道菜是炒鱼毛，是赫哲族非常古老的传统美食。据赫哲人讲，能够加工鱼毛的除小鱼外，鲤鱼、草根、怀头、鳇鱼、白鱼、干条、胖头、细鳞等也成。“炒鱼毛”，先要去掉鱼头，再除去内脏，刮净鱼鳞。待清洗干净后，把鱼肉切成大块放入锅中，添汤，用旺火煮熟。捞出半成品后，再剔除鱼骨和鱼刺，晾凉后将鱼肉放入锅中翻炒，边炒还要边挑出残留的鱼刺。炒时，一定要掌握好火候，直到鱼毛“焦黄不粘锅，酥肥而喷香”时方可取出。随即倒入罐、篓等容器中储存。在这过程中还要加盐，或用鱼油浸泡，有的甚至放一些稠李子饼或山丁子，经扎口密封后埋入地下，或置于阴凉通风处，外边“涂泥放干”。“炒鱼毛”现吃现取，味道独特，是赫哲人招待贵客的上等食品。

捕鱼是赫哲人祖传的技能（图/冷菊贞）

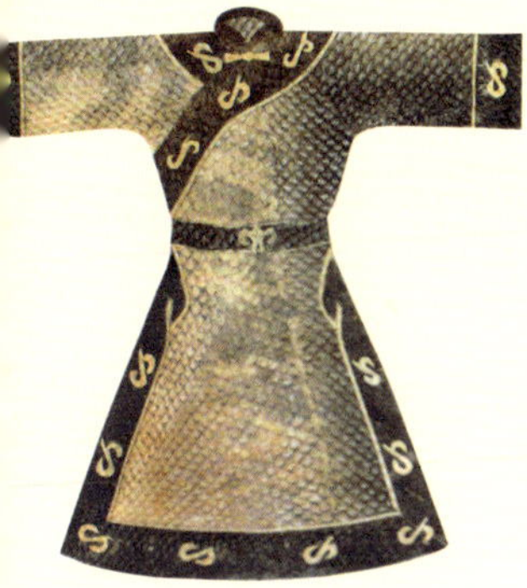

用鱼皮画技艺展现的赫哲族传统服饰，衣襟上的云纹是赫哲族服装的代表性纹饰（图/刘玉亮）

》这次调研使我对赫哲族有了初步的感性认识，但还有很多疑问没有得到答案，除了“伊玛堪”所展现的英雄时代，其精神世界的内涵还有哪些？赫哲族的历史有哪些不为人知的秘密？这些成为我后来研究的关注点。

》东北亚的小民族都信仰萨满教，信奉万物有灵，赫哲族也不例外。萨满是赫哲族社会神灵世界的代言人，神与人沟通的中介。他（她）可通上界、人间和阴间三界，是上界的使者，垄断了神灵世界的解释权。所以在早期氏族社会，萨满具有无可争议的崇高权力。那是萨满的辉煌时代，世俗权力不能离开神权的荫庇，匍匐于神的旨意下，其实就是萨满的神权下，所以，母系氏族社会的萨满是绝对的领导者。当阶级的因素出现后，萨满的权力开始下降，从绝对掌控到平分秋色再到被世俗权力利用。

》萨满是氏族社会规则的制定者和修订者，是历史的独门讲述人和上界、阴间的描述者，所以，萨满的神权是没有边界的。同时，萨满还是医师、卦师和一切知识的教师、导师，这样的权力在进入阶级社会后再也无法出现。

》赫哲族是万物有灵的信奉者，有生命、无生命，天上、地上、地下、水中，自然界的一切都可以成为神灵，并能深刻影响他们的生活，如果没有萨满的阐释，普通人几乎在这个社会寸步难行。对于这些神灵，萨满虽无法驾驭，但可以召唤并合作，为人间谋取所有能够想到的好处，当然兑现不了也很正常，说明凡人罪孽太

烤鱼片。把鱼肉从骨上剔下两个整片，用削尖的木棍串起来放在火上烤熟，切成片蘸着盐面吃（图/黑龙江省民族研究所，刘玉亮修复）

深或者诚意不够。

》“色翁”是萨满的助手和保护神，在“色翁”们的保护和帮助下，萨满才能及时找到夺走病人魂灵的恶魔，萨满到很远的地方需“色翁”带着去。当萨满与恶神决斗时，“色翁”时刻保护萨满的人身安全，使其免受攻击或被杀死。在赫哲人的意识中，“色翁”虽然与人类同住在一个空间，但多居住在高山、大河、怪石和森林等地，或以人形、动物形等出现。它们既能帮助人治病、追魂、占卜以及夺魂，又能伤人害人。

》赫哲人认为，人身上有奥伦、哈尼和法扬库三个灵魂，分别主司生命、思想和转生。其中，“奥伦”随生命的消失而消失；“哈尼”则始终不灭，即便人去世后，它仍继续存在，有时在家护灵，有时在外守坟；“法扬库”乃是具有创造来生能力的灵魂，当人故去后，它可以“将人生前所走的路再重走一遍”。于是，当男子走了七天或女子走了九天时，送魂萨满要主持出魂仪式，以便让死者“转入新生的人或动物”。赫哲人始终认为，萨满既能够在阴间去追索被摄走的灵魂，使其起死回生，又能够找到被摄走的灵魂，使久治不愈的患者祛病延年，还能够占卜未来，使族人趋吉避凶，得到神灵的护佑。正是由于萨满被赋予极大的神力，所以在赫哲族“伊玛堪”故事中，就有女萨满赴阴间追魂救人的事例。

》赫哲族有一种常人很难理解的萨满树。一棵萨满树在距树根很近处分杈，形成两根树干。由树干分出形状像羊角的树枝，由尖削的树枝末端分出一些细线条，

正在传习萨满文化的当代萨满（图/冷菊贞）

线条的末端连接着中央带圆和用直线分开的叶状图形，在图形上的直线两侧，是铜镜和铃铛。树上共有20个铜镜和16个铜铃。树干和树枝上画满了正自下往上爬的青蛙图案。树上的青蛙图案有34个。弯曲的树根呈现蛇的形状。所有的蛇的头都冲着树干。赫哲族的萨满树透露的信息是：萨满树可以贯通天堂、人间，萨满是天堂和人间的媒介，可以上传天意，通过沟通使神灵为赫哲人解除病患和痛苦，当然也可以惩罚那些违反神律的人。神灵不管功力大小，凡人都是不可侵犯的，因此，对神灵的崇拜几乎无所不在。

萨满树图案。它反映了氏族社会的世界观和宇宙观。这是一棵巨树，可以穿透上界、中界和下界。上界是天空的区间，树冠上分布着鸟、太阳和月亮；中界指人间的地球，包括一部分树干、山、陆上动物、人类等；下界是根须部分，是指地下世界或水下世界的状况（图/刘玉亮）

》由万物有灵我想到一个问题，中国的东北是强族出没的地方：鲜卑、契丹、蒙古、靺鞨、女真、高句丽等，均是在封建社会还未形成的状态下具有了强大的军事能力。而到了清朝初期，真正具有无往而不胜的战斗力的是赫哲、鄂温克、鄂伦春等处于氏族社会末期的民族。这些民族均是万物有灵论、萨满教的信奉者，都有氏族树、萨满树和三界观信仰。他们认为生而必至死，而死则是生的开始，如果死得正义则会生得优越。具有了这种三界贯通—循环观，其实死是另一种生。所以，这些民族的将士几乎无所畏惧，视死如生，因而无坚不摧。在征讨新疆、西藏分裂势力，抵御外敌入侵和收复台湾的过程中，战绩卓越，令敌人闻风丧胆，成为清朝军事力量中的精锐之师，被称为“守疆卫士”。

吉星神，是赫哲人经常供奉的一种护佑神，它的地位仅次于天神（图/刘玉亮）

》赫哲族的历史有很多难解之谜。今天，人们习惯于把三江平原地区称为“北大荒”。但就在这片土地的下面，掩藏着令人震撼的文明史。这一地区有完整的新旧石器文化、铜石并用文化和铜器铁器文化，文明的链条连贯而悠长。三江平原考古发掘了大批的历史古城、古墓葬、古遗址等。较为有趣的是，在三江平原地区的一些新石器时代遗址中，许多遗址的绝对年代所表现出的是多层文化的堆积，有的遗址的时间跨度已经远远超过4000年。学术界普遍将三江平原地区这些众多的同类古城称之为汉魏古城，并通过对凤林、炮台山等古城的考古发掘，逐渐认识到在公元前200年前后，在广阔的三江平原大地上曾经存在过一个繁荣而强大的地方王国政权。

》如果说地下的遗迹还不够清晰的话，大量的历史文献记载则为后人明确昭示了赫哲族不一般的历史。靺鞨族最强悍的部落是黑水部，地理位置是黑龙江下游沿岸，也就是赫哲族的祖先历史上居住的地方。黑水部历史上声名显赫，建立金朝的女真人的源头就是黑水部。满族的直接祖先是黑龙江中下游沿岸的“生女真”，逐步南迁后建立了清朝。

》清太祖努尔哈赤在南征中原、推翻明王朝之前，最担心的有威胁性的北方力量中，就包括赫哲人。所以从明万历二十七年（1599）直到清顺治元年（1644）的近半个世纪中，努尔哈赤和他的继任者倾注全力展开了征服赫哲族的战争，大小战事多达17次。清军并未一味强攻，而是采取了刚柔相济的政策，使僻远分散、互不相属、各自为政的赫哲族聚集区成为清王朝的重要组成部分。努尔哈赤告诉赫哲族："尔之先世，本皆我一国之人，载籍具在，尔尚未之知，是以甘于自外。"满族和赫哲族存在"同宗共祖""一家之人"的渊源关系。

》被"同族"征服的赫哲族大部分融入满族。清军入关后，仅康熙、雍正年间内迁编旗的赫哲人就达到近60个佐（满族八旗制的基层军政组织，满语叫"牛录"，佐是入关后"牛录"的汉名，1牛录300人），其中31个佐、万余人迁往盛京（今沈阳），余者留驻吉林，两者相加共2万余人。这些被编入"新满洲"的赫哲人，逐渐同化于满族之中，成为清朝统治中原的重要力量。要知道，入关前的八旗兵也仅有10万。

》所以，说赫哲族的"小"，仅指目前中国的赫哲族和俄罗斯的那乃人和乌尔奇人，人口大概有3万左右。但从其先祖黑水部、野人女真、生女真及与满族的渊源关系看，赫哲族是大而强的民族，创造了辉煌的历史业绩，是一个让我们感到敬畏的民族，隐含在其历史中的许多故事，已经因无民族文字记载而掩埋于千古岁月之中。

》赫哲族有很多杰出的人物，如电影《冰山上的来客》、话剧《赫哲人的婚礼》的编剧乌·白辛，是当代才华横溢的戏剧家和文学家。在黑龙江省民委和宗教局，

秋冬之交的大顶子山（图/冷菊贞）

先后有两位主要领导——舒景祥和刘明是赫哲族。先前我并不认识刘明，共事后才逐步了解到他是一位从政经历丰富、工作能力强的优秀少数民族干部。我和舒景祥是莫逆之交，直到他逝世，我们的友谊长达二十多年。他到黑龙江省民委工作前曾担任过县长、县委书记；他原先报的民族成分是满族，后来根据他家族的《舒穆禄氏族谱》而变更为赫哲族。这也从一个侧面说明了赫哲族与满族的密切渊源关系。

在赫哲风情园里跳起萨满舞（图/孙志江）

》今日三江平原的赫哲族聚居区，其生活条件，尤其居住条件已大为改善，富庶的村庄、发达的交通和美好的自然风光，说明赫哲族正在进入现代化社会，历史上的"鱼皮部""使犬部"已成为遥远的记忆。唯一令我们遗憾的是，赫哲族的传统文化离我们渐行渐远，其民族性元素越来越稀罕，尽管还有"乌日贡"节庆上表演的叉草球和萨满舞等少量民族文化符号，但和赫哲族真正的传统文化已然大相径庭。这让我们多多少少有些感伤，赫哲族与那个威震四方的黑水部已经藕断而丝不连。那个历尽千百年沧桑巨变的强族，似乎已完成自己的使命和担当而悄然无息地隐没于历史烟云之后，在幕后观望同胞演绎的一幕幕生动的人间场景。

》那千百万个不朽的勇敢的灵魂，是否正借助东方天际的晨曦和曙光，透视着赫哲族当下的幸福生存状态，并寻求着、导引着历史性发展机遇？

》让历史上强悍的赫哲族先祖和英雄的后裔一道，用历史的光芒照亮自己！

寂静的白桦林，无声地滋养了一代又一代赫哲人（图/孙志江）

赫哲族

人口与分布

赫哲族现有人口5354人（2010），是我国人口较少的民族之一。主要分布在黑龙江省，大部分居住于同江市的街津口、八岔赫哲族乡，饶河县四排赫哲族乡，佳木斯市敖其镇，少数杂居于桦川、富锦、抚远等市县。

环境与资源

赫哲族主要生活在松花江、黑龙江、乌苏里江构成的“三江平原”沿江地带和被称为“林海雪原”的完达山余脉一带，渔业、林业和狩猎业资源非常丰富。江河中有大马哈鱼（鲑鱼）和鳇、鲟、鲤、鲇、鲫、鲩、白、怀头、哲罗、鳌花等种类繁多的鱼类。蜿蜒于饶河县境内的完达山余脉，生长着茂密的森林，林中栖息着珍禽异兽，如紫貂、东北虎、黑熊、豹、野猪、梅花鹿、狍子、獾、貉等。赫哲族地区的鲟、鳇鱼子和大马哈鱼子等名贵食品用于外贸出口。雕花桦木盒、雕花桦皮箱等各种桦皮工艺品和鱼皮、鱼骨制品吸引着各地的旅游者。

族源与历史

史书上称赫哲族为“窝集部”“使犬部”等，赫哲人自

称“赫真”，又有“黑津”“赫金”“黑哲”等称谓，这些称呼具有同源性，均含有“下游”“东方”之意。中华人民共和国成立以后，统一定名为赫哲族。

赫哲族是中国东北地区历史悠久的民族，与古代的“肃慎”“挹娄”“勿吉”“靺鞨”和“野人女真”等部族有着可溯的族源关系。清代的“黑斤”“赫哲哈喇”即是赫哲族的先民，他们世代居住在松花江、乌苏里江、黑龙江交汇处。17世纪努尔哈赤派兵征服该部，命一部分人留守故地，发展为赫哲族人，另一部分人迁入辽东地区，成为满洲八旗的成员。

赫哲族是有着光荣历史的民族，许多赫哲人在反抗沙俄入侵和压迫、反抗日本侵略者的斗

赫哲族分布手绘示意图(绘图/ZITAO)

争中与各族儿女一起英勇地并肩战斗，捍卫了中华民族的尊严。

语言与文字

赫哲语属阿尔泰语系满—通古斯语族满语支。语言中最丰富的是渔猎方面的词汇，这与赫哲族主要从事渔猎生产有关，现在只有黑龙江的同江、饶河等市县的沿江地区赫哲族屯落中六十岁以上的老人才能讲赫哲语。赫哲族无本民族文字，通用汉字。

文化艺术

赫哲族在长期的渔猎生产、生活中创造了各种民间文学，主要有神话、传说（特仑固）、故事（说胡力）、民歌（嫁令阔）、谚语、歇后语、谜语以及深受群众喜爱的说唱（伊玛堪）等形式。其中，“伊玛堪”被视为本族文化遗产的百科全书，它是一种古老的民间说唱文学，类似汉族北方的“大鼓”和南方的“苏滩”。说唱合辙押韵，分男女腔调，故事情节和词句都是背诵的，长的要说唱多天，短的也要说唱几天。内容包括古代英雄故事、歌颂爱情、赞美家乡、萨满求神、风俗民情等，作品有《满格木莫日根》等。赫哲族较有特色的舞蹈主要是宗教祭祀舞蹈，但现在多已失传。

赫哲族的图案艺术非常发达，他们穿戴的衣服、帽子上绣有各式图案。帽耳、衣领、袖口、裤腿、围裙、鞋面上都绣有云纹和各种花朵，构图别致，格外精彩，尤其是日用品上的彩绣，如“雄鸡衔花”“花篮与莲藕”等别具一格。此外，用桦树皮、鱼皮、鱼骨制作的工艺品也十分精美。赫哲族的乐器大多数早已失传，流传至今的有“口弦琴”，赫哲语称“空康吉”或“空木含给”，用铁丝折成外壳，中间有细长钢片，含在口里吹奏，声音悠扬动听。

风俗习惯

得天独厚的自然条件使赫哲族人在生活实践中创造出独特的捕鱼技术。他们对鱼类的生活习性非常熟悉，知道什么水域、什么季节用什么方法可以捕获什么鱼，捕鱼工具可分叉、钩、网、船四类。赫哲族充分利用渔猎来的鱼皮和兽皮制作衣服，历史上因其以鱼皮为服饰原料而被称为“鱼皮部”。居住在同江市勤得利及上至松花江下游和乌苏里江

流域的赫哲族人曾以狍皮、鹿皮为衣。鱼、兽皮衣古朴、美观，且季节性强，具有耐磨、保温、轻便、不挂霜等特点。

大多数赫哲族过去从事渔猎生产，因此饮食偏好食鱼，尤其喜食新鲜生鱼，较出名的有“刹生鱼”和“炒鱼毛”。“刹生鱼”是以黑龙江特产鲟鱼、鳇鱼、鲤鱼、胖头鱼等新鲜鱼为原料，制作时，将生鱼肉剔下，切成细丝，加上野生的姜、葱、辣椒，用醋、盐拌匀，还可加入细粉丝、绿豆芽、土豆丝、菠菜丝、黄瓜丝等，味道清香适口，为待客上品。“炒鱼毛”的制作也较为简便，是将较肥的鲤鱼、怀头鱼或草根鱼、胖头鱼切成大块在锅中煮熟，去鱼骨、鱼刺，置于锅中炒至酥脆，即成“鱼毛”，然后放在坛子里或桦皮箱中，加上鱼油，封口，置阴凉处或埋于地下，以备待客。

赫哲族过去住房分为临时住房和固定住房。临时住房有“尖顶式窝棚”和“圆顶式窝棚”两种，固定住房有“地窨子”“马架子”和正房。

近百年来，赫哲族实行氏族外婚制，父系血亲禁止通婚。婚姻习俗受满族、汉族影响很大，但也保留一些独特内容，如比武择婿等。婚姻缔结方式有媒人介绍、男女双方父母直接协商、双方儿女换亲及指腹为婚等4种。男女婚姻自主权较大，青年男女往往通过捕鱼、打猎、摔跤、滑雪、射箭、观看跳神等活动结交意中人，婚恋中不存在门当户对观念，也不讲究贫富差别，彼此更看重品性、才华和劳动能力。

赫哲族受满、汉族文化影响，过春节、元宵节、清明节、端午节和中秋节。

赫哲族安葬方式有风葬、火葬和土葬。现在主要实行棺木土葬，葬礼由萨满主持。

宗教信仰

赫哲族信奉萨满教，有自然崇拜、祖先崇拜、鬼神崇拜等多种形式。近年来，萨满教在赫哲族中的影响已逐渐消失。

国家级非物质文化遗产

曲艺

赫哲族伊玛堪

传统技艺

赫哲族桦树皮制作技艺

赫哲族鱼皮制作技艺

民俗

赫哲族婚俗

本书导读示意图

专题标题：以虚实结合的文字概括各民族的某一重要文化事项。

专题段落标题：揭示这一重要文化事项的不同断面，分层切入，条分缕析，引你直抵现象背后的文化之核。

正文

民族经典纹样

鱼皮制作技艺——适应自然的选择

全世界使用鱼皮制衣时间最长的民族

冬衣兽皮，夏衣鱼皮

赫哲族世代居住在三江流域，沿江分布着一望无际的茫茫林海和高低起伏的崇山峻岭。青山绿水之中，自然资源丰富。在独特的捕鱼、狩猎的过程中，赫哲人与自然之间表现出一种依赖和顺应关系，反映在赫哲艺术中，便是蕴含着崇尚自然的朴素审美观，这种审美观的一个重要原则就是反对人为雕饰，追求不失事物的本性本色，尽量保持其天然状态。

鱼皮衣表现出的正是这么一种古朴雅致的审美情趣。他们的木雕艺术也多忠实于动植物的原型，少有再创造的内容。至于如《我的家乡多美好》《渔歌》《打猎歌》等“嫁令阔”，抒发的都是赫哲人对家乡山河、风光的热爱之情和对捕鱼、狩猎的欢愉之情，这也恰恰表明了生存的自然环境对赫哲族音乐审美心理的造就。

用木槌、木铡刀等传统工具鞣制鱼皮（图/黑龙江省民族研究所，刘玉亮修复）

赫哲人在长期的渔猎生活中，与大自然及其中的飞禽走兽、鱼虾昆虫等结下了不解之缘，对它们的特点了解入微，因而用寥寥几笔便能生动形象地勾勒出它们的形貌来。在赫哲族的传统观念中，崇尚人与自然的统

赫哲人主要鱼钩一览表

名称	形貌材质	特点用途
鳇鱼钩（克日斯克） 	100多年前街津口的赫哲人使用，用细铁棍弯成，由钩尖、钩把、“钩爪子”绳、钩缰等组成，钩尖长约5厘米，每杆子钩缰长60多米，其上拴23把钩。后来从俄罗斯又传入一种鳇鱼钩，钩条稍细，钩尖长约5厘米，钩缰用细铁丝制成，长达90米，上拴40—50把钩，称“罗刹克日斯克”	最大特点是钩身粗大，没有倒须，捕鱼效果好。“克日斯克”只能捕大鱼，不能捕小鱼，限于材质，钩缰每隔10日要从水中取出晒一晒。“罗刹克日斯克”大鱼小鱼都能钓到

赫哲族—30

表格：删繁就简，将大段枯燥的学术性表述华丽转身为一目了然的图表，文明演进的过程、文化现象的罗列，由此变得简洁明了。

拓展阅读：与专题相关的名词解释、背景知识、人物小传、田野实录等的延伸阅读，为你构建多维度、多侧面的全息专题文化影像。

图片：既有近百年来中外著名学者亲历现场所拍摄的第一手影像资料，也有当代摄影家极尽巧思的唯美大片，涵盖面广泛，于文本之外，自成一个独立的图片系统。

图片说明：拒绝标签式的大白话图片说明，每一段解读，或长或短，都经撰稿专家反复推敲，发图片画面之所未发，读图时代，仍然需要如此点睛之笔的助力。

秋雾浸染的乌苏里江湿地，美如油画。从生态系统的完整性上而言，湿地自有其难以替代的重要意义。然而，对于早年生产生活方式原始的赫哲人来说，这样的自然环境，美得有些奢侈了

专家简介：为你介绍各章撰稿专家的学术背景、学术成就，在作者与读者之间搭建起一座信任之桥，论世需要知人，论著也当知人。

混搭民族风

赫哲族妇女还用鱼兽皮或布混合搭配裁制了多种舒适耐用、美观大方的服饰。人们熟知的狍皮裤子就是这样加工制作的。这是一种“前后都能穿”的便裤，一般春、夏、秋季都可以穿。用狍皮做裤，用薄皮或用棉布做裤腰（有些也用狍皮代替）。此外，还有以布为面、以狍皮做里的帽子，用棉布做里的鱼皮手套等等，不一而足。

做衣服混搭，穿衣服同样讲究混搭。通常的形式有两种：一种是鱼皮或兽皮衣服混合穿，即上身穿狍皮大哈，下身穿鱼皮套裤，脚穿鱼皮靰鞡，使鱼兽皮衣服搭配得大方得体，相得益彰，从而弥补了两种皮质的不足。一种是布衣和鱼兽皮衣混合穿，即外衣穿皮衣，内衣穿布衣，既舒适又保暖。

扫描二维码欣赏鱼皮衣制作视频

撰稿专家

都永浩，朝鲜族，黑龙江省民族研究所研究员，所长。现为黑龙江省省级领军人才梯队学术带头人。2012年获国务院特殊津贴，长期从事民族问题和民族学研究，在民族理论与政策及东北少数民族、宗教、东北亚问题等研究领域均有建树。共出版专著7部，发表论文141篇（其中，在国家级刊物发表31篇），主编学术专著27部。

《黑龙江赫哲族文化》

扫描二维码，阅读专家代表著作的电子版

31—艺术

代表性论著链接：扫描二维码可阅读该专家代表作，并可进一步在中华民族文化经典学术著作数据库中阅读其他民族文化学术著作。

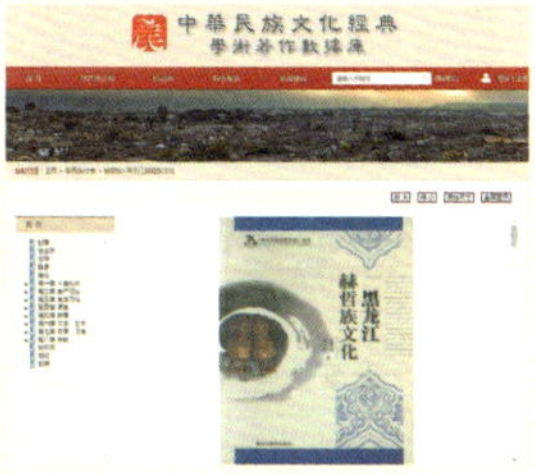

多媒体技术的全新运用和呈现：音（视）频链接为你直观展现民族文化的某个片段。从此，纸质经典不再是一位沉默的朋友。

晨曦初露乌苏里江，赫哲人的小船就出发了（图/孙志江）

第1章

栖息在世界高寒湿地

人文地理

本章主撰稿人：黑龙江省民族研究所特聘研究员　刘玉亮

乌苏里江来长又长，
蓝蓝的江水起波浪，
赫哲人撒开千张网，
船儿满江鱼满舱。

白云飘过大顶子山，
金色的阳光照船帆，
紧摇桨来掌稳舵，
双手赢得丰收年。

一曲《乌苏里船歌》几乎成了中国北方人口较少的民族之一——赫哲族的代言，它用形象化的语言展示了赫哲族赖以生存的地理环境和与之相适应的主要经济活动方式，那就是依江傍山与渔猎经济。

其实歌词中所唱的乌苏里江仍然是一个指代，准确地说，赫哲族所生存的地理环境涉及了乌苏里江、松花江和黑龙江水系，而通常我们将河流水系所流经的区域和生活在这条水系的人类群体统称为流域，流域文化的一个显著特点是流域内的人类群体随着水系的流域分布而分布，视水系为他们的生命线，水流到哪里，哪里就是他们的家园。因此，流域文化实际上是一种山水相依的文化。黑龙江流域的赫哲族文化就源于黑龙江、松花江、乌苏里江水系，并表现出流域文化的特点，即祭水拜山和北疆湿地的特征。

苦寒之地的美丽家园

我国境内的赫哲人生活在10万平方千米的三江平原

家在北大荒

黑龙江下游与松花江、乌苏里江三江汇合处，是著名的平原三江平原，广义的三江平原北起黑龙江、南抵兴凯湖、西邻小兴安岭南端、东至乌苏里江，包括了黑龙江、松花江和乌苏里江汇流的三角地带，以及倭肯河跟穆棱河流域，总面积10万多平方千米。佳木斯市、鹤岗市、双鸭山市、七台河市和鸡西市等5个地级市及下辖20余个县（市）和哈尔滨市所属的依兰县都在这一广阔的地域内，许多大型国有农场和若干个森工局也分布其间，这就是赫哲族的美丽家园。

历史上，赫哲人就广泛分布于松花江下游、乌苏里江流域和黑龙江中下游直至库页岛的近百万平方千米的广大地域内。17世纪中叶，沙皇俄国侵入贝加尔湖以东地区和黑龙江流域。1689年9月7日中俄签订《中俄尼布楚条约》，1858年和1860年，沙俄强迫清政府签订不平等的《中俄瑷珲条约》和《中俄北京条约》，分别强占黑龙江以北、外兴安岭以南60多万平方千米和乌苏里

早春，刚刚解冻的兴凯湖（图/余彬）

早年赫哲人居住的"撮罗昂库"（尖顶窝棚）（图/刘玉亮）

乘坐"托日气"（狗拉雪橇）出猎（图/刘玉亮）

江以东包括库页岛在内约40万平方千米的中国土地，赫哲人世代居住的广阔土地被沙俄霸占，赫哲人从此跨境居住，被人为地分割成两部分。目前，中国赫哲族分布于三江平原和完达山余脉（《乌苏里船歌》中所提及的大顶子山即属于完达山余脉），集中居住于三乡两村（即同江市街津口赫哲族乡、八岔赫哲族乡，双鸭山市饶河县四排赫哲族乡和佳木斯市敖其镇敖其赫哲族村、抚远市抓吉镇抓吉赫哲族村）。

雪原上孤独的猎人木屋(图/刘玉亮)

在林海中追踪猎物的赫哲猎人(图/黑龙江省民族研究所,刘玉亮修复)

完达山脉将三江平原分为南北两部分:山北是三江汇流冲积而成的沼泽化低平原,面积4.25万平方千米,亦即狭义的三江平原;山南是乌苏里江及其支流与兴凯湖共同形成的冲积-湖积沼泽化低平原,面积8800平方千米,亦称穆棱-兴凯平原。

晨曦中的大顶子山(图/冷菊贞)

三江平原气候湿润,年降水量在500—600毫米之间,属寒温带大陆性季风气候,无霜期为135天左右。平原地表通常有3—17米厚的黏性土层,是中国面积最大的黑土平原。除三条大江外,中小河流皆为平原沼泽性河流,且多为沼泽植被所覆盖。广阔低平的地貌,降水集中于夏秋的冷湿气候,径流缓慢、洪峰突发的河流,

以及季节性冻融的黏重土质，促使地表长期过湿，积水过多，形成大面积沼泽水体和沼泽化植被、土壤，构成了独特的沼泽景观。在低山丘陵地带则还分布有252万公顷的针阔混交林。

有山有河有湿地，一望无际的大森林环绕，以当代的眼光来看，赫哲族赖以栖息的这片土地无疑是美丽的。如此美丽清洁的家园足以令所谓的现代人艳羡，然而，如果我们沿着历史的河流稍稍回溯，就会发现，赫哲族如此美丽的家园还有着一个我们异常耳熟的名字——北大荒。“棒打獐子瓢舀鱼，野鸡飞到饭锅里”的当地民谣，除了展示生态良好外，也无情地提示着这里曾经人烟稀少的荒芜景象，而在漫长的历史年代里，赫哲族的生活就是在这样一个“北”“大”“荒”的背景下展开的。

秋雾浸染的乌苏里江湿地，美如油画。从生态系统的完整性上而言，湿地自有其难以替代的重要意义。然而，对于早年生产生活方式原始的赫哲人来说，这样的自然环境，美得有些奢侈了

黑龙江与黑龙江流域

黑龙江是东北亚区域内最大的一条河流，也是世界十大河流之一，中国第三大河。它的主干流全长4363千米，流域面积为184.3万平方千米。

黑龙江左岸的一大支流是结雅河，水呈黄色，满语原称“黄”为“精奇里”，所以结雅河原名精奇里江。19世纪60年代，沙俄抢占了精奇里江口等地后，更名为结雅河。结雅河汇入黑龙江的江口是黑龙江上游与中游的分界点。

松花江是黑龙江右岸的最大支流，全长2309千米，总流域面积为54.6万平方千米，干流在今黑龙江省同江市与黑龙江合流。

嫩江是松花江流域中最大的支流，也是松花江水系的北源，在今黑龙江省肇源县三岔河村附近注入松花江，全长1379千米，流域面积为28.3万平方千米。乌苏里江是黑龙江下游的一条较大的支流，也是中俄两国的一条界河。乌苏里江全长890千米，它的重要支流有穆棱河、松阿察河、挠力河等。其中，中俄界河松阿察河发源于东北亚著名的淡水湖——兴凯湖。

黑龙江上游俄方一侧的俄罗斯航标船（图/刘琪）

所谓黑龙江流域概念，是以今天黑龙江主干流为主，凡是流入黑龙江的诸水系所流经的区域，均属于黑龙江流域。根据其水系的分布，它的范围大致是北至外兴安岭、南至长白山天池的分水岭、东至鄂霍茨克海的鞑靼海峡、西至蒙古国和内蒙古的东部。凡黑龙江所流经的山川、平原、湿地、草地、湖泊，皆属于黑龙江流域的流经范围和研究范畴。

黑龙江流域的地貌特征是：平原区主要分布在松花江与嫩江合流后的南北，其北部与大小兴安岭东西两翼的丘陵山地相接，南部则与辽河平原相连，并构成了东北亚地域内最大的平原区。

迷雾中的黑龙江流域吴八老岛（图/刘琪）

云雾缭绕大顶子山(图/冷菊贞)

大江大山大平原

三江平原地势低平,海拔在50—100米之间,分布着平原、草地、湿地、泡沼等多种地貌形态。它还是中国最大的沼泽分布区,沼泽与沼泽化土地面积约240万公顷,天然沼泽湿地面积有134.7万公顷,是珍稀水禽的重要栖息地和繁殖地,已建成6个国家级湿地自然保护区,其中3个被列入了国际重要湿地名录。

江河密集,湖泊众多,是这一区域的另一地理特点。穆棱河、挠力河、安邦河、倭肯河、七星河、七虎林河等河流流淌不息。黑龙江下游流经俄罗斯哈巴罗夫斯克边疆区,其下游低地上,分布着埃沃龙湖、博朗湖、胡米湖、大基济湖、卡基湖、乌迪尔湖、奥列耳湖等众多湖泊,其中,埃沃龙湖为最大的湖泊。这些湖泊大部分是由黑龙江一些支流的河口被黑龙江淤积的泥沙堵塞而成。历史上,满—通古斯语族诸民族也在这些区域留下过足迹。

蜿蜒迤逦挠力河(图/搜图网)

沿中俄边境东线一路行走,松黑两江双色江水汇流

鹤翔三江湿地，良好的生态环境令人羡慕

的奇美景观，总能令人惊奇和感叹。同江三江口，位于同江市区东北约4千米处，以江汇于此、路始于此、海通于此而名闻遐迩，是松花江、黑龙江两条大江的汇合处，两江汇合后俗称“混同江”，在这里并肩前行。两江之水泾渭分明，东流数十里而不交融，呈北黑南黄的双色奇观：黑龙江自西而东流来，水呈微黑色；松花江泥沙较多呈褐黄色，两江相遇而不相融，一直东流40千米而色不混，直至和乌苏里江汇合，“三江口”由此得名。

完达山余脉蜿蜒伸展于江河湖泊间。完达山是长白山系的一部分，位于黑龙江省东部，三江平原的东南部，属中、低海拔山脉，边缘地区为丘陵。主脉呈西南—东北走向，逶迤于挠力河、倭肯河、穆棱河之间，南部为虎林市与宝清县分水岭，北部在饶河县境内，西南接老爷岭，绵延400千米，面积1.2万平方千米，海拔200—500米，主峰神顶山在虎林市与宝清县交界处，海拔831米。

捕鱼狩猎者的天堂

棒打獐子瓢舀鱼，野鸡飞到饭锅里

夏捕鱼做粮，冬捕貂易货

人类总是通过不断地改造自然、改变自身来调适与自然之间的关系，以达到与环境的协调，并使自己繁衍生存下去。赫哲族也不例外，这个世世代代沿江倚山而居的民族，在环境的压力下通过同环境互动与适应，形成了自己独特的传统文化。

赫哲族所居住的三江流域水产资源极其丰富。其中的鳇鱼非常名贵。鳇鱼筋、骨作为珍品常年向清王朝进贡，与“东珠”、人参并称东北贡品中的“三珍”。大马哈鱼（鲑鱼）和鲟鱼为名鱼种。除此之外，“三花五罗”（鳌花、鳊花、鲫花，哲罗、发罗、雅罗、胡罗、重罗）享誉黑龙江，其他鱼种亦有数十种。

右上图：使用马爬犁运送猎物（图/黑龙江省民族研究所，刘玉亮修复）

右中图：赫哲人有生食鲜狍子肝的习俗（图/黑龙江省民族研究所，刘玉亮修复）

下图：冲积岛屿是三江流域的一大自然景观（图/刘琪）

赫哲族就地取材，因地制宜，形成了独特的以渔业经济为主、狩猎经济为辅的生产生活方式。渔业是赫哲族传统社会的经济基础，捕鱼是赫哲族一年四季从事的主要生产活动。赫哲人的捕鱼工具品种繁多，功能齐全。常用的捕鱼工具有网、钩、叉、船四类。他们又根据各种鱼类的活动规律、自然季节的变化，将捕鱼生产活动分为捕鱼的黄金季节、修理网具的渔闲期、秋季鱼汛期、冬季捕鱼期等四个阶段，形成了一套较为科学的捕鱼方式。当汉族的“二十四节气歌”传播到赫哲族地区后，赫哲族又将其与渔业生产的季节性结合起来，编撰出“立春打獐狍，惊蛰忙织网”的“捕鱼节气歌”，来指导渔业生产和生活。

因为渔业产品是赫哲族生存和发展的最主要物质来源，赫哲族的社会生活所涉及的衣、食、住、行乃至精神生活等各个方面都同鱼结下了不解之缘。吃的是以鲜、生、冷冻鱼肉为特色的菜肴，穿的是以鱼皮为原料的服饰，住的是结构简单、易于拆装、沿江河高处分布的临时住房，以适应渔业生产的流动性和季节性，甚至于他们的诸多礼俗也有着鲜明的鱼崇拜的内容。独特的自然地理环境，塑造了赫哲族个性鲜明的文化，他们因此被称为“鱼皮部落”。

宛如仙境的完达山脉群峰逶迤，蕴藏着丰富的动植物资源，东北虎、豹、熊、紫貂，山梨、都柿、山葡萄、

上图：吊锅是赫哲人外出渔猎时主要的烹饪用具（图/黑龙江省民族研究所，刘玉亮修复）

下图：在天寒地冻的冬季，生食“鱼肉刨花”，赫哲人的传统饮食习俗别有一种风情（图/黑龙江省民族研究所，刘玉亮修复）

采集野生菌类——猴头（图/黑龙江省民族研究所，刘玉亮修复）

驾着桦皮船悄无声息地穿行于水面，飞叉捕鱼，赫哲人的捕鱼功夫有点神乎其技（图/刘玉亮）

稠李子，木耳、猴头、黄花菜、元蘑等不胜枚举。它们很好地补充了赫哲族渔业经济之不足，丰富了赫哲族的物质生活。正是凭借着舟楫之利和自然的恩赐，在生产力相对低下的漫长岁月里，赫哲族有了相对优厚的物质生活基础，保证了本民族的长期繁衍生存。

《渔业节令》

居住在三江沿岸的赫哲人，将在长期的渔业生产过程中传承下来的生产经验和劳作规律总结成了朗朗上口的歌谣：

立春打獐狍，雨水舀鱼忙。
惊蛰忙织网，春分船沿上。
清明河水淌，谷雨开大江。
立夏鱼群欢，小满鱼来全。
芒种鱼产卵，夏至把河拦。
小暑胖头跳，大暑鲤鱼欢。
立秋开了网，处暑鳇鱼鲜。
白露鲑鱼来，秋分鱼子甩。
寒露哲罗翻，霜降打秋边。
立冬下挂网，小雪打冰镩。
大雪钓冬鱼，冬至补渔具。
小寒大寒修理船，
鱼楼肉满过新年。

冬季存储鱼肉干的鱼楼子，赫哲语叫“塔克吐”。它是用四根或六根支柱做腿，离地一米多高，支起小房架子，周围用的是柳条编成的篱笆墙（图/刘玉亮）

赫哲族风俗画，画面中生动展示了冰捕的各个步骤（图/尤文民）

令人眼花缭乱的捕鱼奇俗

在极北苦寒的地带，在漫长的岁月中，在经历了太多的波折和无数次尝试后，赫哲人通过辛勤的劳动实践，创造积累了多种多样的捕鱼方法，为本民族的生存和发展获取了必需的物质基础。

冰层下捕鱼

地处北国边陲的黑龙江，冬季十分寒冷，可以用滴水成冰形容。冬季来临，江河湖泊都会冰冻至数米厚。世代以渔猎为生的赫哲人，在冬季也要捕鱼求食，所以形成了冰下捕鱼习俗。

赫哲捕鱼者首先要选择好凿冰地点。凿冰窟窿时，双手端平十几斤重的冰镩子，用力往下锥，逐渐穿透冰层。凿出冰窟窿后，清除掉冰窟窿四壁的碎冰。选定下网的地点后，在冰面凿出两排冰眼，根据江水流向，每隔7—8米凿一个冰窟窿，六七个连在一起。只有那些经验丰富的捕鱼者才能根据冰面的颜色判断在何时何地下网。一切具备，就要观察鱼群动向。所用大拉网有百米多长，怎样下到冰层下需要一套熟练的技巧。赫哲渔

冬季大拉网捕鱼

（绘图/ZITAO）

冰下穿网详解图

冰捕是智慧与经验的结合，何处下网、如何穿网大有讲究。一般人很难理解偌大一张网从不大的冰洞中投下后，是如何在冰面下渐渐展开并朝着指定的方向去围兜鱼儿的。以下7张图为您大致还原冰捕中的穿网过程，大网是如何在杆、绦、绳的引导下，给鱼儿制造“灭顶之灾”的便能一目了然了。

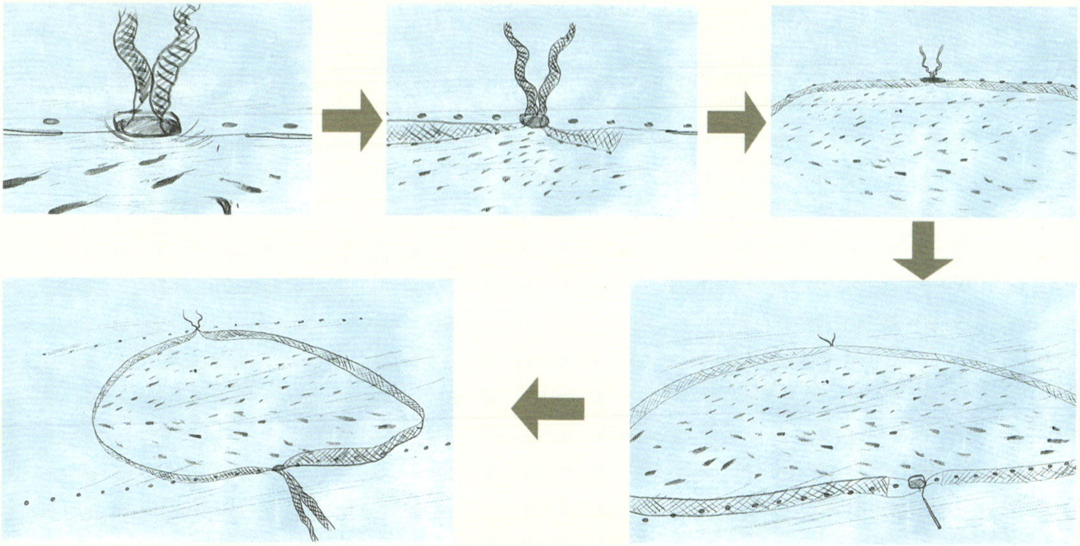

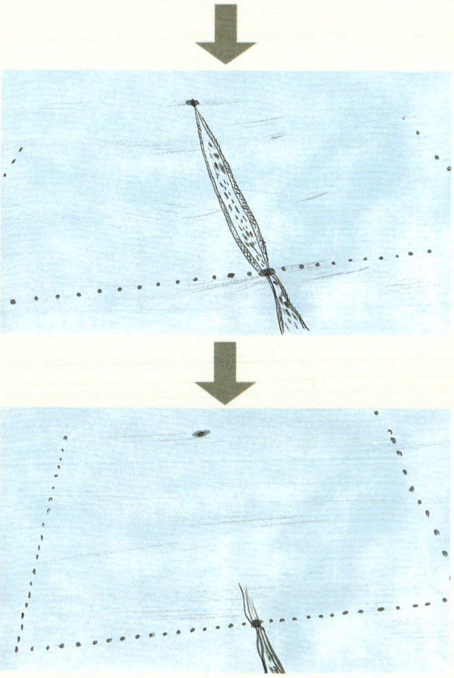

冰捕大鱼(供图/尤文民)

(绘图/ZITAO)

在冰封的江上拉网作业

民们用木杆子将网绳一段一段地在冰层下穿过去，然后将渔网系在网绳一端，在另一端拉动网绳，渔网慢慢被拉入冰层下的流水里。两端固定在标记杆后，百米长的大拉网下到了近两米厚的冰层下。起网时捕鱼者熟练地凿开系着渔网两端的未冻实的冰窟窿盖，将渔网一端从水中捞起，另一端系上网绳。网纲在冰下逐渐围拢，最后在出网口把冰下的渔网拉到冰面上。

冬季捕鱼场面蔚为壮观，透过厚厚的冰层即可看到水下的网套着数百、数千条活蹦乱跳的鱼儿，赫哲捕鱼者们熟练地从网上摘鱼，鱼被扔到冰面上，很快会成为冻鱼。一张百米多长的拉网，一次可捕获成千上万斤鱼。

除了冰层下拉网捕鱼，赫哲人还用打“咕咚网”、下“铃铛网”等方式捕鱼。打“咕咚网”，就是在下网的上游再凿一个冰窟窿，在这个冰窟窿里来回推拉“咕咚”耙，用发出的响声惊动远处的鱼群，把鱼儿赶入下游布下的大网内。而“铃铛网”是将渔网下在冰面下，网上的一根细绳露于冰面上并系一个铃铛，鱼儿入网后，便会震响铃铛，捕鱼者闻铃声而起网收鱼。

守株待兔的“冬库”

赫哲捕鱼者生活在北纬45度以北的严寒地区，冰天雪地的冬季有长达7个多月的结冰期，鱼群只能在1—2米厚的冰下聚集。因此，赫哲人创造出了“冬库”的捕鱼方法。

这是一种在冰窟旁搭建小草屋的捕鱼办法。在鱼群经常经过的河道冰面上，搭起没有窗户的简陋小草屋，在屋内凿一个直径1米左右的冰窟窿，捕鱼时关起门来，屋内光线暗淡下来，冰下因而异常清亮，这样一来就会很容易观察到鱼群的活动。赫哲人喜欢坐在“冬

冬钓——"撅达钩"(图/黑龙江省民族研究所，刘玉亮修复)

冬钓——铺设快钩(图/黑龙江省民族研究所，刘玉亮修复)

库"内叉鱼，这是比较古老的捕鱼方法。当鱼游到冰洞处仍不知灾祸降临，捕鱼者迅疾飞叉捕获。如果严寒难耐，在里面生上一堆火，一边烤火取暖，一边等候鱼群的来临。"冬库"捕鱼既可用网又可用鱼叉和钩钓。

如果幸运地遇到密集的鱼群路过，坐在冰洞旁的捕鱼者干脆直接用笊篱向外舀鱼，半晌工夫就可捕到成吨鲜鱼，堪称奇观。

冰眼旁的垂钓

赫哲人男女老幼皆喜欢冰眼垂钓。在江面上凿出冰眼后，鱼钩上拴一小撮红色兽毛作诱饵，就可以下钩钓鱼了。一般的人一只手可以同时拿三把钩，双手可同时拿六把钩，在并排的冰眼中垂钓。冬季的鱼儿由于饥饿，误认为红毛的"撅达钩"是小鱼，咬住不放，自然成为捕鱼者的囊中之物。冰眼垂钓的鱼多是狗鱼(又称黑鱼)、鲤鱼、哲罗鱼等，这些都是肉质细嫩鲜美的上等冷水鱼。

赫哲人重视在冬季下鳇鱼钩。他们先在选好的冰面上用冰镩子等工具凿出一个直径1米左右的冰眼，每个冰眼间隔在33米上下。当冰眼凿好后，把长33米左右的鱼竿连同鳇鱼钩一起下到冰眼里。为使鳇鱼钩能够在冰眼之间来回串动，赫哲人根据水线竿的长短，再凿若干小冰眼，然后在水线竿子上拴一个"拉锚钩"，由前一冰眼伸到后一冰眼，鳇鱼钩拴在用石头坠着的竖直水线上，拉着往前走，直拉到最终的大冰眼，把钩露出来，拴上石头坠入江底。

鳇鱼最重的可达千斤以上，力量也很大，因而在遛钩或摘钩时，必须谨慎行事，切不可麻痹大意。当确定钓到鳇鱼后，捕猎者即要召集众人前来帮忙，齐心协力把捕到的大鳇鱼控制住。捕住鱼后，要把鳇鱼钩迅速送回到原来的位置，以不耽误继续钓鱼。为此，他们要做的第一件事就是马上找到鱼钩的准确位置，然后在钩网后面穿上水线，一人从后面慢慢地往下放，遛钩的人则往前拉钩网，以便摘钩后再行倒回，下回原处。过去，捕一条大鳇鱼是简单的事，但现在却是一件非常幸运的大喜事。

扫描二维码欣赏
赫哲族冬季冰捕

来者无回——挡梁子

“挡梁子”赫哲语为“卡佃”，就是截河拦鱼的意思，是简单巧妙的捕鱼方法。

鱼类有种特性，当江河水上涨时，它们会随着水流从大河游向小河，当水位回落时，它们又游回大河。赫哲人根据鱼类的这一特性，采用挡梁子的方法来捕鱼。挡梁子要熟悉水情，赫哲人把一根柳条标出一节节的刻度，插入水中用以监测水情。在河水上涨即将到顶点时，在河口或河道的最窄处挡好梁子，把鱼堵住。因为只要水刚一回落，鱼马上就游回大河，到那时再挡就来不及了，即使挡上，收获也不会太大。

挡梁子，分为大小两种形式。小梁子是用柳条子插堵小河口，这类河口一般深约1米，随时挡完，随时取鱼。挡大梁子，需要用木桩和箔条。箔条是用直径3厘米左右的柳树条做的帘子，分两种：一种称“狗连裆箔”，适用于水流小的河泡子中；另一种是“过水箔”，缝隙大，适合挡水流急的河道或河口。选择好适合挡梁子的江河岔子，把箔条或木桩削尖，插到3—4米深的水下。再用柳树皮纤维纺成约1.5厘米粗细的细绳，勒在箔条上，高度上每间隔37厘米左右，就要勒一道细绳，最多

挡梁子（卡佃）是在河口处用木桩和箔条进行插堵，鱼群会被截留在梁子中，这是一种捕鱼很多并且节省劳力的方法（图/刘玉亮）

勒13道。每块箔条一般长10米左右，高5米上下。箔桩乃是用20厘米粗细的柳树或柞树制成的，每隔3米左右的距离竖一根箔桩，再用与箔桩差不多粗细的柳树杆子做压梁子。竖箔时使箔靠在压梁子上，不能倒下。水小的时候，每隔一个箔桩支一个撑杆，水大的时候，每个箔桩各支一个撑杆。当箔桩支好后，要在箔脚差不多第三道勒绳的地方，横压上拉水条子，其上绑牢筏子，使木箔能够下沉到江底，再用筏子或石头，把箔根压住。木箔挡好后，不必每天看着，一般每隔3—4天遛一次

挠力河国家级自然保护区中的湿地，也是赫哲人夏季捕鱼的一个场所（图/刘琪）

冰雪世界中的赫哲渔村(图/孙志江)

箔，收一次鱼，悠闲自得。

梁子有3种：一是挡伏水梁子，多在河口大、水深的地方立桩、竖箔，捕的鱼多，质量也好，一般在冬季捕鱼，鱼在梁子里还有数月的生长期。二是挡春季草芽水梁子，主要是在草沟子附近立桩、竖箔，随挡随取鱼。三是挡土梁子，即用土把河口堵上，大小鱼一起挡住。

乌苏里江流域有着丰富的鱼类资源，成群结队的鱼儿进入梁子里后，绝无生还的希望，可谓有来无回。

上游到下游所有的鱼梁子排列必须秩序井然，遵守约定。如果在已经打好的两道梁子之间再插上一道，下游的梁子只能成为空梁子，鱼儿被上游的梁子尽收无遗。

赫哲人主要鱼钩一览表

赫哲人的垂钓历史十分悠久，在古代乃至近代，垂钓是继网具、叉具和渔船之后，经常使用的捕鱼形式之一。作为垂钓的主要工具鱼钩，在不同时期其制作材料也是各不相同的。据清人曹廷杰在《西伯利东偏纪要》记载："通混江人，皆以数寸大钩，系于径数寸长丈余木上，置之江中取之。"赫哲人最初使用的是木柄钩，这种鱼钩是在"棍棒"的基础上加工制作的，后来使用兽骨压制或磨制的骨鱼钩。这些经过人工精心雕琢的细小渔具，作为细石器文化的重要组成部分，在赫哲人中间长期存在着。铁制鱼钩是19世纪中后期才开始出现的，随着时间的推移，捕鱼经验的积累，赫哲人根据不同鱼的不同习性和特点，设计制作了一系列尺寸不一、大小不等的鱼钩。在"快钩"传入赫哲地区后，他们经常使用"快钩"来钓鱼。

名称	形貌材质	特点用途
鳇鱼钩（克日斯克） 	100多年前街津口的赫哲人使用，用细铁棍弯成，由钩尖、钩把、"钩爪子"绳、钩缰等组成，钩尖长约5厘米，每杆子钩缰长60多米，其上拴23把钩。后来从俄罗斯又传入一种鳇鱼钩，钩条稍细，钩尖长约5厘米，钩缰用细铁丝制成，长达90米，上拴40—50把钩，称"罗刹克日斯克"	最大特点是钩身粗大，设有倒须，捕鱼效果好。"克日斯克"只能捕大鱼，不能捕小鱼，限于材质，钩缰每隔10日要从水中取出晒一晒。"罗刹克日斯克"大鱼小鱼都能钓到
快钩（又称滚钩） 	民国年间从内地传入，主要用铁丝、棉线等材料经过70多道工序制成。钩漂子用"铁瓦"做成，形状似圆形盒。钩缰和"钩爪子绳"均是用来自南方的"糊皮"（一种树皮）加工制作的，也有用棉线捻成的。每杆子拴230—250把钩，每隔20把钩拴一铁盒漂子	快钩坚硬适中，有韧性、不脆断，不易生锈。钩多漂子少，大小鱼都能钓，捕获量大。当鱼杆放好后，人们早晚只遛两遍钩。但因此钩伤鱼过甚，1959年已经停用
鲤鱼钩（博特乌末肯尼） 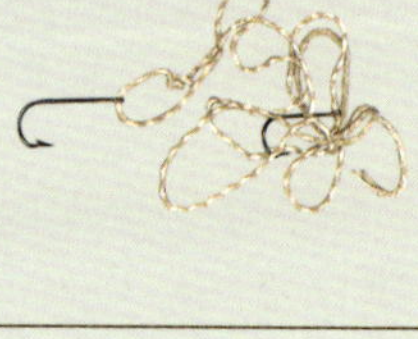	约清朝末年从俄国传入。钩的长度约为5厘米，有倒须。钩缰的长度在100—133米之间，起初用16股棉线捻制而成，后改用铁丝，可拴30—40把钩	鲤鱼钩多是在农历小满过后才能使用，到端午节前后达到垂钓高峰，每日垂钓量可达35—40千克

浪当钩 （跨提乌末肯尼） 	钩的形状、钩缰和钩锚的材质以及加工制作的方法，均与鲤鱼钩相仿，只是钩条小一号。“钩爪子绳”用蓖麻秆的皮搓制而成，长度约为83厘米	主要钓发罗鱼、鲤鱼等。每天早、午、晚各遛钩1次。捕鱼量比鲤鱼钩多，每日可达50多千克
鳊花钩 （开勤乌末肯尼） 	比“浪当钩”稍小。钩缰和下钩用的锚，在加工制作上也没有什么特别之处。“钩爪子绳”用棉线搓制而成，长度在66厘米左右	每日遛钩12遍，钓的都是鳊花鱼，每天可钓100多千克
毛毛钩（摄富） 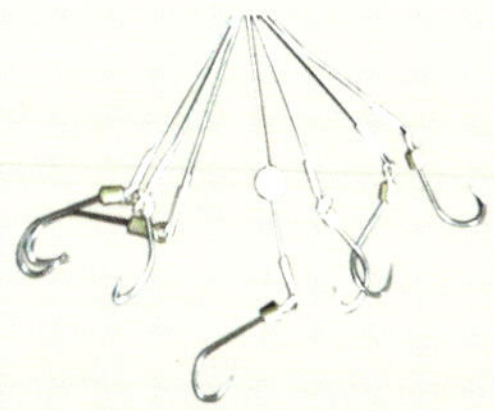	用有倒须的钩做成，钩柄上铸铅，使钩子能在水面平衡。再把兔毛或狍子尾巴的白毛拴在钩柄上盖住鱼钩，故有“毛毛钩”的说法。钩绳长约8米，鱼杆长约6.6米	主要用来钓白鱼。立秋后，找到鱼多的地方，一天可钓20—25千克
底钩（齐齐喀乌末肯尼） 	很早、很原始的一种鱼钩，钩绳用线麻或棉线捻成，一般长23—33米，拴有倒须钩	多为老年妇女和儿童使用，用来钓嘎牙鱼、鲫鱼、鲇鱼
甩钩（牙卡勒） 	俗称“三齿挠”，呈锚形。钩杆用柳树条制作，长近6米。钩绳起初是用线麻拧成，后改用“油丝”或铁丝绳，长6.3米左右	街津口村赫哲人所独有。必须站在石砬子上居高临下甩钩江中，来回走着反复地拉、提钩绳。石砬子挡水，造成水流湍急，又有漩涡，鱼为了游动省劲和顺水游动，必经此处，撞钩必被钓住。过去鱼很多，这种钓法成功率很高
秋特乐钩 	使用较早的一种鱼钩，由钩尖和钩把两部分组成。钩尖多是铁（钢）制的，钩把用榆、柞等硬木做成。钩长17厘米左右，钩缰和钩绳多用椴树皮纤维捻制而成，钩漂子用黄菠萝树皮做成	主要用来钓鳇鱼。不用遛钩，放钩入水后，只需耐心等候，待有鱼被钓住后，去取就是了

赫哲人所用网具一览表

名称	材质	规格
拉网 	较早使用的捕鱼工具之一，起初是用野生植物纤维织成，后改用棉线、尼龙绳等新式网线。网绦和网缰起初用柳树皮等植物纤维捻成，后来改用棉、麻线等加工制作。网漂初用椴树皮或黄菠萝树皮制作，现在则多用松木板来替代	大拉网一般长达数百米，由十余片或二十余片网相连接。小拉网也有几十米长，由3—4片网相连。每片网的长度为15米，宽2米左右，网眼直径在7—17毫米之间
扒网 	常用捕鱼工具之一，它以铅、麻线等为材料，呈顶尖底阔的锥形，没有网漂。用1厘米粗细的线麻绳合成的两股绳做网缰，网的顶端系一根提索绳，长10—13米，以备起网时使用	共560个网眼。网长10.7米，每隔20厘米左右在网的底部拴一个网坠。网坠的下面有网兜，以便兜鱼
旋网 	一种网口大、尾尖并带有网兜的锥形网具，制作方法与扒网相近，最初也是用野生的植物纤维做网线，后来采用麻线	共360个网眼。每两个网眼挂一个网坠
挂子网 	由拉网派生出的又一重要网具。多用生丝或棉线织成，前者叫丝挂子，后者叫线挂子。丝挂子又细分为浮挂子和底挂子两种形式。网缰多是用18根棉线拧成的	网的长度一般在33米左右，网眼较大，每个在18毫米左右。通常由5片组成。网坠一般每隔20厘米拴一个

蹚网 	经常使用的一种网具，它最初是用亚麻线织成的单层网，后来改为以胶丝为原料织成的三层网。网缰多用麻线捻成，有1.5厘米粗细。网漂用软、硬木制作	每片长约37米，通高在2.2米上下，有上下网纲。下网捕鱼时，多把4片网相连接，统一调配，统一使用
待河网 	约在清嘉庆年间才开始兴起，多以麻线织成。20世纪30年代，棉线网传入赫哲地区后，麻线网逐渐被取代	网的长度约5米、宽度约4米，呈袋形，网口的一个侧面开一个长约2米的口，也有的在网尾加织一小段袖筒状的网，以利取鱼，因此汉人戏称它为“狐尾网”
赶网 	较早的一种网具，多以荨麻纤维或麻线为材料加工制作，网漂是用黄菠萝树皮做的	主要是在夏季没有水流的大泡子或河沟里使用。每片网的长度在30米左右，宽度在2米上下。网眼大小也不尽相同，网的上部有网纲，下部没有底纲和网坠。大眼网下在离岸较远的地方，小眼网下在离岸较近的地方。划船入河泡，敲打船体发出声响，并使水产生振动波纹，鱼受到惊吓逃窜，正好钻进网里。大鱼挂在大眼网中，侥幸逃过的小鱼，挂在第二道小眼网上

撰稿专家

刘玉亮，黑龙江省民族研究所特聘研究员，中国民间文艺家协会会员，黑龙江省作家协会会员，长期研究北方民族的纹饰与造型艺术。主要作品有《中国北方捕猎民族纹饰图案与造型艺术·鄂伦春族卷》《中国北方捕猎民族纹饰图案与造型艺术·鄂温克族卷》。作品先后获得“黑龙江省新闻出版局2009年精品图书出版工程项目”奖等多种奖励。

《中国北方捕猎民族纹饰图案与造型艺术·赫哲族卷》

扫描二维码，阅读专家代表著作的电子版

祭拜先人的赫哲族当代萨满(图/冷菊贞)

第2章

纵横林海与江湖的神秘强族

历史

本章主撰稿人：黑龙江省民族研究所研究员　都永浩

赫哲族是中国人口较少的民族之一，其语言属阿尔泰语系满－通古斯语族满语支，没有文字。人口数在全国55个少数民族中，居第52位。

由于居住地域广阔，赫哲人的自称较多。过去，居住在今富锦市大屯以上松花江沿岸的人自称“那贝”，居住于今富锦市嘎尔当至街津口村的人自称“那乃”，居住于今同江市街津口村以下至乌苏里江沿岸的人自称“那尼傲”。这三种称呼中的“那”都是“本地”“当地”之意，“贝”“乃”“尼傲”都是“人”的意思。此外，原居住在下八岔以下地区和乌苏里江沿岸的人被称为“赫真”或“赫吉斯勒”，意为“下游人”或“东方人”；原居住于勤得利以上混同江和松花江沿岸的人还自称“奇楞”。“赫哲”是从“赫真”变音而来，是“黑斤”“黑津”“黑金”“黑哲”“赫斤”“赫金”等名称的同音异写。“赫哲”族称最早出现于康熙二年(1663)三月《清圣祖实录·卷八》。1934年，凌纯声的《松花江下游的赫哲族》一书出版后，“赫哲”作为族称广泛传播。

清代和民国初年，赫哲族被蔑称为“鱼皮鞑子”“狍皮鞑子”或“鹿皮鞑子”，也被称作过“使犬国”“使犬部”“犬部落”“鱼皮部落”等。俄国人波雅阔夫称赫哲人为“那特基”，哈巴罗夫称赫哲人为“阿枪”。1850年以后，俄国学术界称赫哲人为“果尔特”。十月革命后，苏联人称赫哲人为“那乃”。日本的早期学者称赫哲人为“高尔牒克”，即“果尔特”。

赫哲人很早就在中央王朝的管辖之下。唐代，赫哲族的先民就归属黑水都督管理。辽、金、元也各有专属机构管理赫哲族先民。明代的奴儿干都指挥使司、辽东都司，清代的三姓协领衙门等都是赫哲族的管理机构。清末至民国初年，先后在桦川、富锦、同江、抚远、饶河等地建立州县，赫哲族分辖于所在地的各县。

多源的氏族与强悍的部落

22个氏族参与了赫哲族主体的形成

分布广泛，多源多流

赫哲族是一个分布广泛、多源多流的民族。

赫哲人先民是肃慎族系的组成部分，包含于肃慎、挹娄、勿吉之中；唐代和渤海国时期赫哲族先民与黑水靺鞨有密切的渊源关系，是其构成之一；辽代，属于生女真北支的一部分；金代属生女真人的一部分；元代为女真水达达人的一部分；明代女真人分为三大系统，即海西女真、建州女真和野人女真，赫哲人是野人女真的重要组成部分。赫哲族先民的情况在此时逐渐清晰起来，各种文献对其描述也更为详细。至明末清初，赫哲先民从女真人中逐步分离出来，为赫哲族共同体和民族认同意识的形成奠定了基础。

“哈拉莫昆”是赫哲人独特的氏族组织，最初是由同姓有血缘关系的各家庭公社所组成的。后来，血缘关系被打破，进入地缘关系为主的村社阶段。“哈拉莫昆”的规模不等，有10户左右的，也有20户左右的。这实际上是父系氏族制和家庭公社的残余表现，表明此时的赫哲人正处于血缘关系向地缘关系的演变过程中。

出土于黑龙江阿城的元代初期官印“管水达达民户达鲁花赤之印”和明代“都禾田吉卫指挥使司印”（图/都永浩）

清政府的编户、编旗政策和任命赫哲头人为姓长、乡长和佐领等官职的做法，导致光绪年间赫哲族与汉、满族的大量杂居，进一步推动了赫哲社会地缘关系的形成。清末到民国初年，赫哲人中出现了大土地占有者和拥有大量渔猎生产工具的富人，他们通过出租土地和枪、马、渔具入股分成进行原始积累，加速推动了赫哲人社会的阶层分化。赫哲人的父系家庭公社的遗存和农村公社已失去存在的基础。

20世纪初，乌苏里江流域及东部沿海一带，以血缘关系为纽带的氏族联系基本失去作用，而松花江中游地区的赫哲人氏

19世纪末期英国人在同江建立的海关旧址（图/黑龙江省民族研究所，刘玉亮修复）

张淑珍是赫哲族妇女的优秀代表，1926年12月28日出生于八岔赫哲族聚居区。在八岔赫哲族渔业村互助合作化期间，为骨干和积极分子，多次被评为县级劳模。1959年10月，参加“中华人民共和国国庆十周年少数民族观礼团及青年学习团”，受到毛主席以及其他党和国家领导人的接见(图/黑龙江省民族研究所，刘玉亮修复)

族组织的作用消失得更为明显。在广泛的地缘关系和清朝国家社会组织机构取代赫哲人自身的社会组织及其功能的基础上，统一的赫哲族民族认同意识形成。以上，是赫哲族共同体进入成熟阶段的标志。

日伪统治时期，赫哲族被归并到深山密林中的沼泽地带，组成了3个部落，由于民族迫害和疾病侵扰，4年中归并部落的237人死亡72人，约占三分之一。日伪还故意诱导赫哲人吸食鸦片，使其丧失生产与生育能力，导致许多人死亡。至1945年日本投降，赫哲族只剩下300多人，面临民族灭绝。

赫哲族富于反抗精神，面对外敌入侵，他们进行了

《东三省政略》是清代末年国务大臣徐世昌主修的一部大型地方志书，也是一部大型政书。该书“以篇为纲，以纪为目”，凡边务、蒙务、交涉、军事、官制、财政、旗务、司法、实业、咨议厅议案等12卷，250万言，是一部翔实的晚清东北志，史料价值较高。从晚清一直到现在，所言东三省，无不引用《东三省政略》。此书晚清官版有各种地图几十幅，最大的一幅竟有两米高(图/都永浩)

三江平原上的汉魏时期挹娄城遗址。古挹娄与赫哲族族源之间存在着某种渊源关系

顽强的抗争。17世纪中叶开始，他们多次与入侵的沙俄军队英勇战斗。1931年“九一八”事变后，赫哲族又奋起抗击日本侵略者，为抗日战争的胜利做出了贡献，有4人被苏联最高苏维埃主席团授予三级抗日奖章。

崛起于神秘的肃慎之地

如同黑龙江流域错综复杂的支流一样，从民族共同体的形成过程来看，赫哲族具有“分布广泛、多源多流、复杂多变”的特点。追根溯源，史家每每将它与世居于“不咸山”（长白山）以东偏北一带的以渔猎为业的古老民族肃慎人以及由肃慎人衍生的肃慎族系挂起钩来。

传统古史观认为，我国东北有三大基本族系：肃慎、濊貊和东胡。三族系起自先秦，迄于明清，贯穿东北古史之始终。其中肃慎族系，自先秦肃慎之后，在汉魏为挹娄，北朝时是勿吉，隋唐为靺鞨，其后女真和满族皆出于此。诸族一脉相承，绵延不绝。

对于这样一个线性的、脉络异常清晰的“肃慎族系”，学界仍有不少的争论，因为肃慎人处于一个传说时代，可资考证的文字记载与实物都很少。但是，这几个民族尤其是挹娄之后的诸族存在一定的亲缘关系，生活在被称为“肃慎之地”的同一片广大的区域里，在文化面貌上具有一定的共性，这几点是毋庸置疑的，也是为大

被视为赫哲族一支祖居之地的贝加尔湖（图/搜图网）

街津口出土的部分文物——辽代陶罐、铜壶、瓷碟、佛像，为研究者探寻赫哲族源头提供了重要的实物材料（图/刘玉亮）

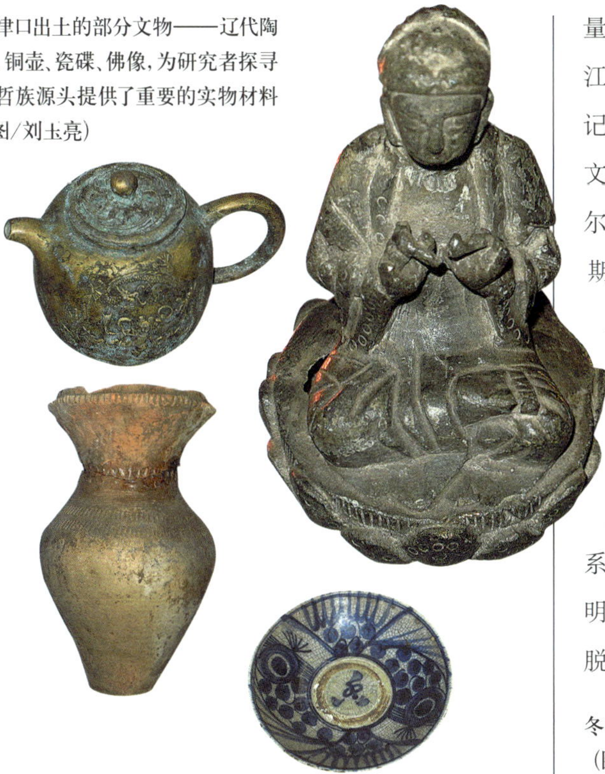

量史料和考古发掘所证实了的。据考古资料分析，松花江南岸三江平原地区的滚兔岭文化的居民就是文献所记载的汉魏时的挹娄族，直接继承了滚兔岭文化的凤林文化很可能是勿吉所创造的。而同属挹娄文化系统的波尔采－蜿蜒河文化（分布在黑龙江中游以下），在隋唐时期发展成为以绥滨同仁遗址为代表的文化，有学者认为后者的族属就是靺鞨族黑水部。而以绥滨3号墓葬为代表的辽代遗存和以绥滨中兴和奥里米城址及其附近的墓葬为代表的金代遗存，一般被认为是女真人的遗存，与同仁遗址遗存属于同一谱系。这些考古发现表明，挹娄以至女真各族具有不同程度的传承关系。而所出土的陶器、半地穴式房屋乃至渔猎经济都表明，所谓“肃慎系”在文化面貌上存在着共性。赫哲族就脱胎于这样一个在历史上几度辉煌的民族群体。

冬季冰封黑龙江，历史上赫哲族生存环境之严酷，由此可见（图/孙志江）

赫哲族的体质人种特点

文/刘玉亮、施云

- 蒙古人种
  - 北方蒙古亚种
    - 北方蒙古种族类型集团
      - 兴安岭－阿尔泰语系蒙古语族（东胡）
      - 阿尔泰语系
      - 满－通古斯语族（肃慎）
        - 满语支（南）
        - 鄂温克语支（北）
        - 赫哲语支（东）
    - 北极蒙古种族类型集团
    - 远东蒙古种族类型集团
  - 南方蒙古亚种

从人种学的角度看，赫哲族属于蒙古人种下的北方蒙古亚种北方蒙古种族类型集团满－通古斯语族的赫哲语支。（见上图）

赫哲族的主要体质特征是直发，蒙古褶发达，鼻部中等偏狭，面部较阔，头形短而宽，但头高值较大，整个头部显得圆而高。在基本种族类型上似乎与朝鲜族有些相似，均以东亚蒙古人种成分为主，但所含北亚蒙古人种的因素较之朝鲜族更为明显。

20世纪50年代赫哲族全家福，从脸型上看特点依然鲜明

辗转于极北江河之滨

有史料统计，到17世纪初，至少有22个氏族直接或间接参与了赫哲族的形成过程。《赫哲族简史》依次对这22个古老氏族进行了细致描述，涉及奇楞或奇勒尔氏族、卢日勒氏族、傅特哈氏族、董抗氏族、葛以克日氏族以及赫哲氏族等。学者杨茂盛依据“称谓、地域和特征”不同，更把赫哲族分为赫哲、阿卡尼、奇勒尔三大群体、30个氏族。这22个或是30个氏族，有的从北海、外贝加尔湖迁徙到乌苏里江口、奇穆尼河等地散居下来；有的从亨滚河上游地区，南迁到黑龙江沿岸；还有的顺乌苏里江而下，来到了三江交汇处。如此众多古老氏族的互动参与，为赫哲族多源多流的形成埋下了历史伏笔。

赫哲族枝杈众多的源流里有4个古老的氏族，分别是奇楞（或称奇勒尔）氏族、撒玛吉尔氏族、毕日达奇氏族和赫哲氏族。

奇楞（或称奇勒尔）氏族，其祖籍地就在北海地区，原始活动范围涉及贝加尔湖以及堪察加以北的广大地区。由于部落之间为争夺渔猎场频繁发生战争，作为

上图：在黑龙江畔萨卡奇－阿梁村沿江玄武岩峭壁上保存着的赫哲族早期岩画，以动物图案居多，反映了赫哲族人民的生活经历和发展过程，是古代赫哲族祖先精神生活的真实记录（图／王禹浪）

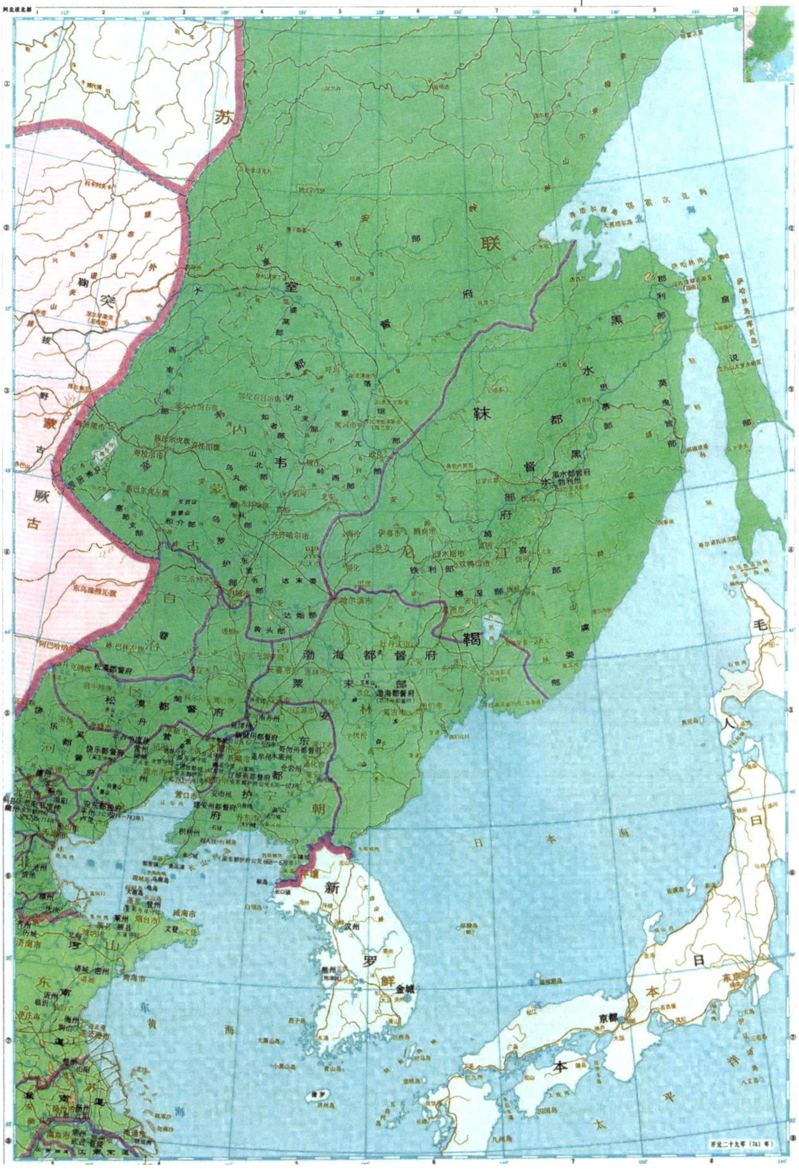

左图：唐黑水都督府地图（《中国历史地图集》第五册）
开元十三年（725），应安东都护薛泰的请求，唐朝在黑水靺鞨地区设置黑水军。开元十四年（726），在黑水靺鞨的最大部落设黑水都督府，以其首领为都督、刺史，唐王朝派长史共同管理其地。作为黑水靺鞨一部分的赫哲族的先世首领，曾多次进贡唐朝，并受封为当地官吏

战败一方的奇楞氏族被迫远徙至三江流域。尽管其迁徙时间不能确指，但可以肯定，它是从西北方面而来的通古斯人，与鄂伦春族有着共同的历史渊源，参与了黑龙江中、下游，松花江、乌苏里江流域各族的形成。

撒玛吉尔（又称赛马尔）氏族，最早活动于外贝加尔地区的一些通古斯部落，金朝建立前逐渐南迁，南迁后同化了黑龙江下游、格林河流域的土著民族，最终成为奇勒尔部的一部分。据史料记载，该氏族支系庞杂，依居住河流不同而有不同支系。其中，居住在亨滚河畔的被称为亨滚支，格林河畔的称为格林支，部分撒玛吉尔氏族甚至直接参与了赫哲族的形成过程，这在清代历史文献中同样多有记载。

这是俄罗斯远东联邦大学博物馆所藏赫哲族的先民靺鞨人使用的陶罐，出土于黑龙江下游流域。此罐夹砂，火候较低，系手制直口直腹收足平底罐（图/王禹浪）

毕日达奇（亦称毕尔达、毕拉达克、毕拉抗卡、毕拉）氏族，清朝文献中称“毕尔达齐哩”，是来源复杂、支多人众的氏族，散居于伯力迤下的黑龙江沿岸。到19世纪末，已形成三大支系、40多个分支，926人，涉及海滨支、通古斯支和本地支，而且支中有支。这些支系有的世居库页岛和沿海岛上，有的祖先原与布里亚特蒙古人的祖先为邻，而本地分支则是“沿松花江居住的人”。

赫哲（清代档案中又称“赫吉格勒”或“赫吉斯

勒”）氏族，移居黑龙江沿岸后，吸收了一些通古斯人和土著居民。赫哲氏族一部分人参与了满族的形成，为满族的一个氏族。赫哲氏族包括15个父系氏族分支。其分支名称多起源于各分支居处的村庄地名、河流名，如达乌堪（达乌）、多克达堪（多克达）等，“堪”为通古斯语“人”之意。这些分支中，有13个分支，他们自认起源于中国东北境内的农民，并且其中有两个分支自认起源于山东省的汉人。1930年，凌纯声在松花江下游赫哲族中调查时曾详询他们的家世：“有的自称为蒙古人；有的说远祖本为四川汉人，清初流配至此，与披甲人为奴者。”

无需再对所有参与赫哲族形成的22个或30个氏族做仔细的爬梳了。窥斑见豹，四大古老氏族的迁徙融合表明，在漫长的历史发展中，赫哲族的源流和族体形成，吸收了一些满－通古斯语族中其他民族成分，并参与了这些民族的形成，同时有些氏族也吸收了些蒙古人、东部沿海和黑龙江流域某些土著居民及古亚洲族的库页族成分，又与汉族有着共同的历史渊源。所有这些，从语言、人体、文化等方面都有所表现。尤其近些年来，考古发掘的出土文物和遗存，令人信服地证实，赫哲族的族体在清朝初期已形成为多源多流、历史悠久的民族融合体。

亚沟金代摩崖石刻

当代赫哲族聚居地之一的富锦，荻花摇曳

古歌中吟唱着艰难的历程

古歌是反映赫哲人族源、历史、迁徙和战争等重大事件的民歌，具有明显的叙事情节，如《姓氏歌》《战后》和《迁徙歌》等许多民歌都属于古歌范畴。这些民歌，有的唱出了该民族姓氏的来源以及某一氏族迁徙的历史，有的则歌颂了莫日根（英雄）的光辉业绩。比如，在《姓氏歌》中，他们把赫哲族古老姓氏中的吴、胡、傅、尤、齐、何、毕以及卢或鹿等姓氏的来源一一唱出来。《迁徙歌》，吟唱了赫哲人沿黑龙江和松花江由北向南迁徙的艰难历程。尤其把赫哲先人苦难的过去、被迫迁徙的动因以及一路迁徙来到三江平原的经过记录下来。尽管目前专家对《迁徙歌》中的内容存有疑问，对迁徙的年代、迁徙的过程等有不同的看法，但以古歌来传唱民族历史的形式确实很有特点。

迁徙歌（节选）

吾今唱首迁徙歌，
故事原系古传说。
千载话今犹在，
赫哲父老均认可。
……
赫蕾赫尼娜。
我们赫哲人，
原本不是这三江平原居住的人。
是在几千年以前，
从那遥远的北方，
顺着黑龙江迁徙而来。
我们的祖辈先民，
在这富饶的三江扎下脚根，
建立了约宏嘎什（村落），
从那时留下了我们赫哲族，
度过了几千年狩猎捕鱼的生活。
……
赫蕾赫尼娜。
传说我们的祖先，曾住在纷勒刻衣拉姆（北海），
因强敌侵占了我们的家园，
才在部族额真（首领）统率下，
离开了那广阔的阿日波（草原）。
……
赫蕾赫尼娜。
领头的额真哟，
这天来到了三江汇合的地方，
在三江口插完了草靶子，
往前赶路续行。
紧跟在后边的木筏和地牙喀船，
和他们仅隔一宿的路程。
不料降了一场暴雨，
刮了一夜的狂风，
前边的草靶子被风刮歪，
草靶子倒转了方向，
于是后过的人们，
逆流奔向了西方。
打从那时开始，
这三江平原，
松花江沿岸，
才成了我们赫哲人民居住的地方。

族体孕育形成于明清

如前所述，隋唐时期的黑水靺鞨与女真人有着极深的渊源关系，在金代盛极一时的女真人，到了明代分为三大系统，即海西女真、建州女真和野人女真，建州、海西女真后来成为满族形成的主体，而野人女真的一部分则分化、形成为赫哲族。

明末，女真族再度崛起，而其推动力来自建州女真。1616年，建州女真的努尔哈赤统一了女真各部后，在赫图阿拉（今辽宁新宾满族自治县西15千米永陵镇东

砖雕——女真武士，勇悍之气，跃然而出

明奴儿干都司地图（《中国历史地图集》第七册）

永乐七年（1409），明朝在黑龙江下游的特林一带（今黑龙江入海口附近）设置奴儿干都指挥使司，管辖各族民众。其中，与赫哲族有关的部落主要是野人女真。野人女真分布于松花江中下游、松花江与黑龙江汇合处，直至黑龙江下游南北两岸及库页岛和乌苏里江流域东至海岸。野人女真是赫哲、乌德盖、费雅喀、库页等族的先世

老城）称汗，国号金，史称后金。同一时期，原来亦居于松花江下游一带的海西女真也逐步南迁，于16世纪30—70年代，先后定居于辽河上游至松花江上游之间。以上两大女真部落的逐渐南迁，特别是清政权建立后，满族的政治中心和主要活动区域移至关内，为野人女真留下了单独形成族体的空间。因此，明朝是赫哲族形成的孕育时期，经过200年左右分化整合，赫哲族于清初进入了族体形成期。

金朝女真文的"封"字押
（图/刘玉亮）

明末清初，野人女真分虎尔哈、瓦尔喀两部。当时，赫哲族也分为两部分，"住松花江、黑龙江两岸者，曰剃发黑金喀喇"，"住乌苏里、松花、黑龙三江汇流左右者，曰不剃发黑金喀喇……所谓使犬国也"（《柳边纪略》卷三）。清末学者曹廷杰在《西伯利东偏纪要》中认为剃发黑金与不剃发黑金即是《吉林通志》所记载的古老氏族"额登喀喇"，至曹廷杰所处的时代才区分为二。中国的赫哲族和俄罗斯的那乃人主要是剃发黑金的后裔，被俄罗斯学者错划为乌尔奇人的赫哲人主要是不剃发黑金的后裔。

1599—1644年，努尔哈赤及其继任者对赫哲人居住的地区用兵17次，这一连串征伐，直接导致了赫哲族与满族的民族分界意识的形成，即赫哲族自身不再把满族视为同一族类，从而为赫哲族民族认同意识的形成创造了条件。而满族统治者，既认为赫哲族"尔之先世，本皆我一国之人，载籍具在，尔尚未之知，是以甘于自外"（《朔方备乘》卷二），又认为赫哲族"其性暴戾，当善为防之"（《清圣祖实录》卷三十七），分界意识明显。因此可以说，赫哲族在与后金、清朝的斗争中，增强了自身的凝聚力和人们共同体的认同意识，这一时期是赫哲族形成的重要转折点。

上图：皇太极像
下图：皇太极调兵木信符

御用战刀

50年中17战
后金和清朝为什么对赫哲族连续用兵

明末清初（包括后金），赫哲人分别属于虎尔哈、窝集、瓦尔喀、使犬、萨哈连等部，也是野人女真的一部分。明万历四十四年（1616），努尔哈赤建立了王朝，国号大金，史称后金。明崇祯九年（1636），皇太极改国号为大清，从此开始了清朝的历史。清太祖努尔哈赤在南征中原之前，急欲巩固后方，以解后顾之忧，同时也迫切需要大量的兵力充实他的军队。因而，兼并北方诸部，成为重要的战略选择。赫哲族向来十分骁勇，很难降服。如能征服赫哲人，既解除了后顾之忧，又增补了兵员不足，十分有利于进攻中原。所以从明万历二十七年（1599）直到顺治元年（1644）的近半个世纪中，努尔哈赤及其继任者对赫哲族用兵达17次之多，在此过程中及其后，更辅以说服劝诱等怀柔政策，刚柔相济，逮至康熙十年（1671），终使僻远分散、互不相属、各自为政的赫哲族聚集区成为清王朝的重要组成部分。

太祖高皇帝己亥年（1599）春正月，东海窝集部的喀尔喀部归附大金朝。戊申年（1608）九月，窝集部的虎尔哈部派出千人的军队攻打宁古塔城，努尔哈赤急命驻防萨其库路的军队迎击，经过近百次的战斗击溃了虎尔哈部的进攻。辛亥年（1611）冬十一月，努尔哈赤派遣额亦都、何和哩、扈尔汉三员大将，率兵二千征讨东海虎尔哈部扎库塔城。经过三日激战破城，屠城斩千人，俘二千人。周边虎尔哈部人惊怵不已，纷纷归降。天命十年（1625）十月，努尔哈赤再次派兵攻打虎尔哈部军。在军事压力下，虎尔哈等部众陆续归降。

皇太极的战马鞍具和宝剑
（供图/华硕中）

崇德三年（1638）以前，木抡及奇雅喀喇已被征服。崇德七年（1642）九月，皇太极命征讨松阿里江的虎尔哈部，招降十屯人民，至此，虎尔哈部被平定，先归宁古塔统辖。直到顺治元年（1644），对赫哲族地区的兼并征服基本结束。这些被降服的部落，都要三年一贡。武力兼并的同时及以后，招安等怀柔政策

《东北边疆档案选辑》所收档案始于清朝前期，止于20世纪30年代，时间跨度长达200多年，汇集了包括赫哲族历史在内的东北民族史的大量第一手资料（图/都永浩）

一直没有停止执行，在天命年间，赫哲喀喇不战而被招服，直到康熙十年（1671）仍有飞雅喀喇及额登喀喇、奇勒尔等接受招抚，臣服于清。

怀柔政策的一个主要手段是拉拢当地的部落头人，尤其对那些来降或朝贡的部落头人，借助设宴款待，赏赐蟒缎、袍服、田产、妻室以及封官赐爵等方式，以笼络人心。天命三年（1618），使犬路、诺洛路、石拉忻路路长40人率所部来归，清廷以牲畜、田产、妻室等予以赏赐。虎尔哈部的托科罗氏、克依克勒氏等部落头人前来进贡，同样得到相应的封赏。类似事例在清朝历史文献诸如《清太宗实录》中屡有记载，不胜枚举。总之，后金及清统治者借助这种“以抚其心”的怀柔政策，使诸多赫哲族民归顺于清王朝的政治统治。

对那些在规定期限内不履行朝贡义务以及故意拖延朝贡时间的赫哲头人，他们先是采取说服、劝诱的温和方式，强调同宗共祖或“本皆我一国之人”的渊源关系。若不奏效，即采取恫吓、威胁甚至武力进攻等形式迫使对方就范。最明显的事例发生于天聪八年（1634），据《朔方备乘》记载，皇太极对如期前来朝贡的黑龙江滨头目羌图礼、玛尔罕等予以赏赐，赐宴时又敲山震虎般地晓谕他们说：“呼尔哈慢不朝贡，将发大兵往征，尔等勿与往来，以致误杀。此次出师，不似从前兵少，必集大众以行……”皇太极说到做到，同年十二月，他发兵2500人，征讨该部所在之黑龙江流域。

清王朝的这些措施，确也收到实效，赫哲族地区终于被纳入清朝的统治版图。

清三姓副都统、宁古塔副都统辖区地图（《中国历史地图集》第八册）
清朝将赫哲等族称为“边民”，各设姓长、乡长分别管辖，每年每户各贡貂皮一张，履行属民义务，直辖于宁古塔（吉林）将军。18世纪初，清朝加强边疆治理，健全政权机构。康熙五十三年（1714）设三姓协领衙门，主要管辖三姓一带的赫哲族。雍正十年（1732）改设三姓副都统，并兼管库页岛。当时，黑龙江下游的赫哲、费雅喀、恰喀拉等族由宁古塔副都统管辖。乾隆四十五年（1780），吉林“边民”统一由三姓副都统管辖

原始遗风——"哈拉莫昆"制

公平、公正、公开的古老社会组织形式

赫哲族长期处于原始社会后期向阶级社会过渡的历史发展阶段，传统的"哈拉莫昆"是赫哲族基本的社会组织形式。"哈拉"原指氏族，后来为"姓氏"之意，"哈拉达"原指氏族长，后来清朝政府设姓长进行管理。"莫昆"是"族"之意，即家族或宗族，"莫昆达"即家族长或宗族长，后来清政府设乡长进行管理。一个"哈拉莫昆"原来是由同姓有血缘关系的各家庭公社所组成的。后来，血缘关系被打破，进入地缘关系为主的村社阶段。"哈拉莫昆"的规模不等，有10户左右的，也有20户左右的。这实际上是父系氏族制和家庭公社的残余表现。"哈拉莫昆"组织的存在形式说明，此时的赫哲人正处于血缘关系向地缘关系的演变过程中。直到民国以后，随着赫哲社会的转型，"哈拉莫昆"作为一种传统的社会组织形式才逐渐退出历史舞台。在很长一段历史时期内，"哈拉莫昆"对赫哲族的形成发展以及对维护赫哲地区的社会稳定曾起过相当重要的作用。

顶风冒雪的赫哲族猎手（图/黑龙江省民族研究所，刘玉亮修复）

"纳威勒"法则与"以杖叩地"定铁案

为维护赫哲社会日常稳定，"哈拉莫昆"制定了一系列不成文的族规，要求全体族民严格遵守，并作为惩戒违规者的依据。比如，长辈故去后晚辈未返回或逾期返回、发生偷窃或违法之事等，族长均视情节及程度，对当事人进行惩戒。

这些不成文的法规，如同纽带一样，维系着氏族组织的存在，使氏族全体成员构成一个统一的整体。氏族内部发生一切大小事件，均由内部来解决，如果

分送猎物沿袭的是传统的平均分配形式（图/黑龙江省民族研究所，刘玉亮修复）

童叟无欺的传统分配方式
(图/黑龙江省民族研究所,
刘玉亮修复)

事情重大、情节复杂和严重时,也可邀请其他“哈拉莫昆”的成员参加。非到万不得已的时候,决不诉诸官府。一般有不法不平诸事,向姓长、乡长投诉,姓长、乡长依据公议处置。这些不成文法规定杀人者死,余则视事之大小,定布帛服物之多寡,令理屈者出之,名曰“纳威勒”,赔偿的上限为10头牛,约值银百两以内。如果经公开协商同意,原被告接受调解,姓长、乡长以木杖叩地,便成为铁案,不可反悔。如果调解不成需要再议,有至数日、数月不决者。

“哈拉莫昆达”的人选

“哈拉莫昆”的首领是“哈拉莫昆达”,这一人选的产生随赫哲社会发展的进程不同,而有不同的方式,经历了民主选举、父子相袭以及清政府委派任命三个阶段。

在民选阶段,“哈拉莫昆达”是由全体成员召开议事会选举产生的,人选条件是有才能、有威望、年龄高、辈分大且办事公正等。在世袭阶段,当老的“哈拉莫昆达”去世后,采取“子承父业”的方式“继缺”。只有其子不能胜任时,才召开氏族大会民主推选新人。在委派阶段,有些“哈拉莫昆达”直接由清政府委派任命。比如,天聪九年(1635),使犬部落索琐科来朝,贡黑狐、黄狐、貂鼠、水獭等皮及狐裘、貂裘,后被封为“国伦达”之职。

从“哈拉莫昆达”产生的三个发展过程来看,原始的、传统的社会组织形式随着时间的推移,逐渐打上了阶级的、时代的烙印,并由自我管理、自我服务的民族组织渐次演变成替清王朝统治服务的政治工具。

平均分配、童叟无欺的原始共产主义

“哈拉莫昆”以自给自足的自然经济和浓厚的血缘关系为基础,共同捕猎、平均分配渔猎产品,互助互爱、平等礼让成为人们基本的行为准则。表现在渔猎产品分配上,仍然沿袭着传统的平均分配形式。在分配渔猎产品时,不论年龄大小、经验丰富与否、技术水平以及所经历的危险程度高低,最终都采取平均分配的原始分配形式。对鳏寡孤独、丧失劳动能力或未参加渔猎的亲邻,也要送给他们一份。外出狩猎假如恰好擒获别人正在追撵的野兽,若尚未背起猎物而另一个狩猎的人赶上了,应把猎物的一部分拿出来送给追赶的人。若遇到空手而归的猎人,有收获的猎人也要分给他一些兽肉。

恩威并施——清廷对赫哲族的管理

强悍勇猛的赫哲族终于归顺了王化

赫哲族向来“桀骜不驯，强悍凶猛”，继承了历史上黑水部的勇猛基因。后金乃至清政府创设了一系列制度来加强对赫哲族的统治和管理，其中，“贡貂”与“赏乌绫”、编旗和编户发挥了重要作用。

“贡貂”与“赏乌绫”，醉翁之意不在酒

赫哲人世代以渔猎为生，捕获的貂、狐、水獭等野生动物中以貂皮最为珍贵。所谓“贡貂”，就是强迫要求编户的赫哲人贡献貂皮、狐皮、水獭皮等各种珍贵毛皮。清廷则以财帛等作为回赐，俗称“赏乌绫”，同时，还要赐宴款待进贡者，以示恩宠。表面上看起来，这一贡一赏，礼尚往来，普通寻常。其实，大有深意。从国家层面来讲，通过进贡和赏赐的形式，以表明赫哲族对清王朝的政治臣服，其政治意义远远大于经济意义。那些“慢不朝贡”的赫哲人，则被视为蔑视或消极反抗清王朝，等待他们的或是言语威吓，或是大兵征讨。

赫哲人纳贡的最早记载为1599年，至1644年清军入关前，赫哲人共纳贡32次。《宁古塔纪略》中有详细记载，大致意思为每年5月，赫哲人乘船沿江行至宁古塔南关外，泊船，进貂。按照清政府的统一规定，凡被编户的赫哲人，均以户为单位，每年必须进贡一张貂皮，要求皮张色均、毛厚、体大，以黑貂为上品。清初时，“贡貂”地点最初选在宁古塔，后来，黑龙江中下游，乌苏里江流域以及库页岛一带的赫哲人、费雅喀人、库页人的“贡貂”及“赏乌绫”等相关事宜改由三姓协领衙门具体负责。雍正十年（1732）以后，清政府又在黑龙江

《皇清职贡图》中的赫哲七姓猎人（供图/都永浩）

下游的奇集（今俄罗斯哈巴罗夫斯克边疆区大齐济湖附近）、德楞（今俄罗斯哈巴罗夫斯克边疆区卡尔吉）等地设立“赏乌绫木城”衙门，作为三姓副都统衙门收纳贡物的派出机构，既便于赫哲人就近“贡貂”，又便于当地官员“赏乌绫”。所谓“赏乌绫木城”就是用木栅围起的窝棚。据史载，“贡貂”“赏乌绫”一般起于每年夏季，秋季结束，每年“贡貂”一次。在“贡貂”之后，赫哲人所带来的其余毛皮，可在市场上进行交易。

“赏乌绫”的赏赐物包括朝衣、缎袍和布袍等成衣以及帽、靴、袜等，每次每人一套，后来则改赏布料。赏赐时，要依进贡者的身份来决定赏赐物的种类。姓长、乡长或赏赐无扇肩朝衣，或赏赐朝衣；姓长和乡长子弟赏赐缎袍；普通赫哲百姓只赏赐蓝毛青布袍。赫哲人“贡貂”时路途上的口粮和“贡貂”时逗留期间的口粮

貂皮是极为珍贵的毛皮，按规定，赫哲人每年要向清廷进贡一定数量的貂皮，以表示输诚受辖（供图/乌热尔图）

（清政府规定，赫哲人"贡貂"时最多可逗留5日），均由清政府负担。由于"赏乌绫"将中原物资文化不断输入赫哲族地区，沟通了内地与边疆的物资和文化交流，也促进了民族间的相互了解和接触，对渔猎业生产发展，守卫边防，曾起到了一定的积极作用。

顺治元年（1644）清政府定都北京后，对赫哲人的统治日益巩固，"贡貂"与"赏乌绫"，也日益完善，逐渐固定化和制度化，这项制度一直持续到光绪二十六年（1900），后因无法继续推行而废止，前后大体经历了200多年时间。从赫哲族来看，"贡貂"与"赏乌绫"的过程，姓长、乡长不但全程参与，而且还把催纳贡物作为行使管理职能的手段之一。

编户编旗促融合

在征服赫哲族以后，清政府在赫哲族地区实行了任命姓长、乡长和编户、编旗等管理政策，彻底瓦解了赫哲族的氏族制残余，使赫哲族社会向以地缘关系为主转变，这是赫哲族形成的重要基础。地缘关系的形成是民族共同体形成的前提条件。

实行编旗、编户制是清王朝为维护包括赫哲族在内的东北边疆的政治稳定，所采取的一项怀柔与羁縻并用的社会组织形式，并以其特有的政治形态成为赫哲族"哈拉莫昆"的重要补充。其中，对离清朝统治中心较近、归顺清王朝较早的赫哲人多采用编旗制，离清朝统治中心较远且归顺较晚的赫哲人则实行编户制；入旗赫哲人均由协领衙门统一管理，编户赫哲人则由姓长、乡长进行管理。

编旗制始于努尔哈赤时期，是集政治、经济、军事于一体的社会组织形式。在赫哲族地区推行八旗制，具有明显的军事、行政属性。早在顺治二年（1645），清朝统治者便以武力手段强征赫哲族壮丁入旗，让他们为清朝征剿明朝残军出力，之后根据每个兵丁是否出天花来决定他们的去处。其中，未出天花者编入三姓驻防八旗，重点负责松花江、牡丹江汇流处一带的边防事务；已出天花者则编入山东驻防八旗，由此揭开了赫哲族“入旗为兵”的序幕。

清入关后，仅康熙、雍正年间内迁编旗的赫哲人就有近60个佐，其中31个佐、近万人迁往盛京，余者留驻吉林，两者相加近2万人。这些被编入“新满洲”的赫哲人，逐渐同化于满族中，成为清朝统治中原的重要力量。

努尔哈赤创建八旗

努尔哈赤很早的时候就开始把手下的民众以300人为单位，组成一个牛录，牛录是满语“箭”的意思。这种牛录，类似于队，以黄、白、蓝、红四种旗帜为标志。

随着人数日众，明万历四十三年（1615），努尔哈赤把最初建立的四旗每旗一分为二，新分出来的旗用镶边的旗帜加以区别，于是，出现了镶黄、镶白、镶蓝、镶红四旗，加上原来的黄、白、蓝、红四旗，共八旗，八旗制度就这样正式创建了起来。

正黄旗旗帜

正白旗旗帜

正红旗旗帜

正蓝旗旗帜

镶黄旗旗帜

镶白旗旗帜

镶红旗旗帜

镶蓝旗旗帜

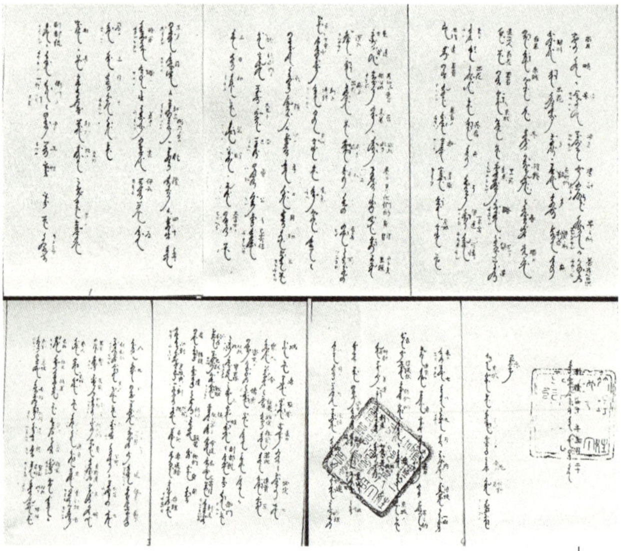

清乾隆时期的满文档案（图/刘玉亮）
内容为将赫哲人进京纳贡的日期，由冬春之交调整到七八月凉爽时节。这一调整，主要是为了避开冬春之交京师天花的流行，体现了对赫哲人的关心

赫哲族最后一次编旗发生在光绪八年（1882），清政府根据当时的政治、军事需要，决定征召当地400名赫哲人丁编为一旗，统一发放钱粮和恩科地，让他们战时为兵、闲时从事农业或渔猎生产。可以说，编旗制的实行使赫哲族有更多的机会与周边民族进行交往，这对加速赫哲地区由原始社会向阶级社会的转变起到重要推动作用。

编户制是清王朝针对赫哲地区原始落后的现状所采取的一种因俗而治的社会组织形式。所谓“因俗而治”，即在不改变赫哲族原有氏族组织的基础上，把清政府的统治意志和管理职能融入日常管理中。编户制的对象主要是那些未入八旗的赫哲人丁，他们以姓氏或村屯为单位编入户籍，由清政府任命的姓长或乡长实施有效管理。一个“姓”下面有四五个或十几个乡不等，每个乡少则五六户，多则二十余户。这些姓长或乡长，手中握有清政府发给的“印信文书”，负责管理户籍等具体工作。编户制始于顺治初年，历经康熙、雍正、乾隆几个时期，相当数量的赫哲人参与了编户过程。

与编旗制不同，编户制具有双重属性。一方面，编户下的姓长、乡长是清政府委任的基层官员，他们有替清王朝代行地方事务的管理职能，同时他们又是当地赫哲族的部落头人，也就是我们常说的氏族长或家族长，并管理本氏族或本家族的内部事务。与之相比，普通赫哲人同样具有双重身份，他们既是清政府的属民又是氏族或家族成员，既要遵守清朝的法律又要遵守氏族习惯法。可以说，编户制的确立，同样为赫哲族由原始社会向阶级社会的加速转变奠定了政治、经济和社会基础。

一系列制度的实施，令清王朝终于实现了对赫哲族地区的有效管理和统治。那些被往南强迁编旗入佐及顺应统一潮流自动投军的赫哲人，为清朝的建立和中国的统一做出了极大的贡献。

《卢氏宗谱》

《卢氏宗谱》，全称为《三姓镶黄旗满洲卢氏宗谱》，汉文，1册，40页，赫哲族家谱。双魁撰。1924年6月修。家谱有谱序、族源、世系表、移驻、家训、恩荣录、官绩考、祠宇、墓图、先世考辨等篇目，并有满、汉两种文字，记载赫哲族卢氏于清康熙年间由吉祖率族人编入八旗，始迁于乌斯浑河即牡丹江西岸，共十六世族人名讳等内容。本色绵纸。纸幅25cm×18cm，楷体，墨书，10行。保存基本完好。今藏黑龙江省依兰县档案馆。

《卢氏宗谱》记录了卢氏家族世系和重要人物事迹，是家族渊源与发展的历史档案；提供了研究清代赫哲族宗族组织结构、莫昆达(族长)的职能等必要的史料；记录了赫哲族的姓氏来源及移居旗籍的人口等。它为研究赫哲族家族史、民族史以及赫哲与满洲的关系等提供了宝贵的资料，具有重要的史料价值和学术价值。

（文/张嘉宾）

什么是赫哲族的“三姓”

文/张嘉宾

《北京图书馆家谱丛刊——民族卷》，《卢氏宗谱》等也收录其中(图/刘玉亮)

在赫哲族的相关文献中，经常会出现“三姓之地”“三姓协领衙门”“三姓副都统衙门”等，“三姓”究竟是一个怎样的概念呢?

黑龙江省佳木斯市依兰县原称“依兰哈喇”，系满语，即“三个氏族”的意思。“依兰”是满语“三”的汉语音译，“三姓”则是汉语意译，“依兰”和“三姓”这两个名称一直并用，清代以“三姓”为主，民国以后以“依兰”为主。

“依兰哈喇”的得名，源自于天命年间(始于1616年)即属于此地的3个古老的赫哲氏族，即葛依克勒氏、努业勒氏、胡什哈里氏。他们分别对应的汉姓为葛姓、卢姓、胡姓和傅姓。

所谓“三姓赫哲氏族”又有前三姓和后三姓之别。前三姓即上文所说的3个氏族，他们是最早居住在依兰县的。康熙五十三年(1714)清廷在依兰县始设协领衙门，将葛依克勒氏、努业勒氏、胡什哈里氏及后来迁来的舒穆鲁氏分设四旗，以其氏族长分任各旗世袭佐领。镶黄旗佐领是卢氏堪载，镶红旗佐领是葛氏扎哈喇，正白旗佐领是胡氏额普奇，正红旗佐领是舒氏冲吉喀。后来由于胡什哈里氏族的外迁和衰微，人们提到依兰的赫哲族三姓时，往往指的是葛依克勒氏、努业勒氏和舒穆鲁氏，这便是后三姓。

清初时，由于当时赫哲、费雅喀等少数民族所居之地，往往并无见之于文献的地名，因而清廷在征服该地之后，常常根据该地有几姓人口，便以几姓为该地地名，如“三姓”“六姓”“七姓”“八姓”等。这种地名在《清实录》中屡有记载。

经过民族工作者和文史工作者的努力，目前已搜集到了葛依克勒氏、努业勒氏、舒穆鲁氏这3个古老赫哲氏族的族谱。这3份赫哲族族谱的发现，无疑将促进对赫哲族的研究和对依兰县历史的研究。

撰稿专家

都永浩，朝鲜族，黑龙江省民族研究所研究员，所长。现为黑龙江省省级领军人才梯队学术带头人。2012年获国务院特殊津贴，长期从事民族问题和民族学研究，在民族理论与政策及东北少数民族和宗教、东北亚问题等研究领域均有建树。共出版专著7部，发表论文141篇，主编学术专著27部。

《黑龙江赫哲族文化》

扫描二维码，
阅读专家代表著作的电子版

赫哲族历史大事年表

年 代	大 事 记
西周时期(公元前11世纪)	肃慎氏以楛矢石砮进贡周王朝
魏景元三年(262)	肃慎遣使重译入贡,献弓三十张,石砮三百枚,皮、骨、铁杂铠二十领,貂皮四百张
晋咸康六年(340)	挹娄遣使向东晋进贡
北魏延兴五年(475)	勿吉国遣使朝贡于北魏孝文帝
唐武德五年(622)	黑水靺鞨渠长阿固朗到长安朝贡
唐开元十年(722)	黑水靺鞨首领倪属利稽到长安朝贡,唐玄宗封他为勃利州刺史,州治所在地为乌苏里江口的伯力(今俄罗斯哈巴罗夫斯克)
唐开元十三年(725)	于黑水靺鞨之地置黑水军,管辖该地

● 民族迁徙:画面中的赫哲人,或扛着标枪,或拄着杖,或扛着桨,朝着一个方向前行。从装束来看,时令应在冬季,风鼓荡起他们的披风,令人不由想到他们一定是在风雪中艰难跋涉,从北海、外贝加尔湖迁徙到乌苏里江口、奇穆尼河等地;从亨滚河上游地区,南迁到黑龙江沿岸;顺着乌苏里江而下,来到了三江交汇处。我们仿佛听到了一曲赫哲人世代传唱的民族迁徙歌。

● 吊锅煮食:在很长的历史时期里,渔猎是赫哲人赖以为生的生产方式。通常,冬季是主要的狩猎季节,画面展示的就是赫哲人冬季狩猎的场景,他们骑着骏马在森林里追逐猎物,两条猎犬在前引导,剽悍矫健,动感十足。画面下方,几位猎手在架起吊锅煮食。所谓吊锅,就是把带有锅耳的铁锅用铁丝或麻绳串起,挂在树枝或搭起来的支架上,无论是在江边捕鱼,还是林中狩猎,这都是赫哲人与生产活动相调适而产生的一种在大自然中享受自然赐予的美食的方式。

这是一幅佚名作者的桦树皮画的代表作,十分精美。它是赫哲族社会生活的全景图,反映了赫哲族的生产生活、风俗习惯、萨满教信仰等内容(图/刘玉亮)

唐开元十四年(726)	在黑水靺鞨最大部落设黑水府,仍以本地首领为都督、刺史。唐朝派长史监领,共同管理其地
唐开元十六年(728)	赐黑水靺鞨都督姓李名献诚,以云麾将军领黑水经略使,仍隶属幽州
唐开元十八年(730)	黑水靺鞨首领倪属利稽等十人朝唐,并授中郎将
唐天宝七年(748)	黑水靺鞨等部献金银及六十综布、鱼牙紬、朝霞紬、牛黄等于唐
辽统和二十一年(1003)	兀惹、渤海、奥里米、越里笃、越里吉等五部遣使朝贡于辽
辽重熙六年(1037)	以越里吉(亦称伊勒济)国人尚海等控诉酋帅浑敞贪污,遂罢五国酋帅,设节度使,隶属东京道,以管辖之
辽咸雍五年(1069)	五国部博和哩国反抗辽朝统治。辽命萧素飒征讨

冬季捕鱼:赫哲族所生活的东北边陲,冬季十分寒冷,江河湖泊都会结上数米厚的冰。但以渔猎为生的赫哲人,在冬季也要捕鱼求食,所以他们摸索了一整套的冬季捕鱼方式。画面浓缩了冬季捕鱼的全过程。一个赫哲人站在事先选择好的凿冰地点,双手端平十几斤重的冰镩子,用力往下锥,逐渐穿透冰层。凿出冰窟窿后,清除掉冰窟窿四壁的碎冰。然后,凿出两排冰眼,下网、穿网、起网,最后将鱼儿一网打尽。画面中,赫哲人在用力地拉网,网上挂着、冰面上扔着似乎还活蹦乱跳的鱼儿,远处的马拉爬犁正忙着拉鱼,一派热气腾腾的冰捕场面。

祭祀河神:赫哲族的传统节日里有河灯节,通常这一节日是在每年农历的七月十五(如饶河县四排赫哲族乡),这一天,他们要放河灯、祭河神。画面表现的是祭祀河神的场景。江边,一张供案上,摆放着猪头等祭品,点着蜡烛,一位头戴鹿角帽的萨满领着赫哲乡民在面对大江跪拜祈祷,祈求河神赐予族人平安吉祥、捕鱼丰收。祭祀河神过后,家家户户还要把用红纸、蜡烛、木板制作的河灯放入江河里,一时间,江面上灯火点点,江岸上篝火熊熊,人们载歌载舞,娱神自娱。

金收国元年(1115)	完颜阿骨打建立金朝，赫哲族先世与金朝关系极为密切。金朝于松花江下游设置胡里改路，路治在今依兰县城附近
元初	设置兀者、吉烈迷万户府，女直、水达达万户府，与设于黑龙江下游的征东元帅府均为军政合一机构，管辖兀者、吉烈迷、嵬骨等部落
明永乐七年(1409)	在特林地方设置奴儿干都指挥使司，对贝加尔湖以东、外兴安岭至鄂霍次克海、黑龙江流域到库页岛和松花江流域以及乌苏里江以东至大海等地诸卫、所行使管辖权
明永乐十一年(1413)	于奴儿干地方建永宁寺并立碑，记载明朝在此地行使主权并对各少数民族实行抚恤之业绩
明宣德八年(1433)	明朝在奴儿干地方重建永宁寺，再立碑
公元1599—1644年	努尔哈赤及其继任者们对赫哲族相继用兵多达17次
公元1608年	赫哲族反抗满族统治者的征服，虎尔哈部千余人围攻重镇宁古塔，给统治者以打击
顺治八年(1651)	乌扎拉村赫哲、满、奇勒尔人集合千余人，给以哈巴罗夫为首的沙俄入侵者以有力的打击

● 渔间野炊：冬季尚且要凿冰捕鱼，那到了夏季，赫哲人自然要利用这难得又短暂的天时，好好捕鱼了。画面展示的正是赫哲人夏季捕鱼的场景。他们划着船儿，在三江平原纵横交织的河湖里，撒网捕鱼，正如歌里唱的那样，赫哲人撒开千张网，船儿满江鱼满舱。更有意思的是，他们直接就在江边支起吊锅，锅下架火，煮食鱼汤，或者把鱼从中剖开，拿来烧烤。他们围着吊锅，咂着小酒，吃着烤鱼，就着鱼汤，过着平常而喜乐的日子。

● 制鱼皮衣：鱼皮衣是赫哲族鲜明的身份标志。一件鱼皮衣的制作，大体上要经历准备鱼皮、缝接鱼皮和装饰美化等几个步骤，这幅画面大体展示了这些步骤。画面上方的赫哲族妇女正在剥鱼皮，下方的妇女手持木棰正在捶打鞣制鱼皮，另两位，似乎一位在缝制鱼皮衣，一位在制作鱼皮裤，一个小孩儿在一边忙忙碌碌地“捣着乱”，接受着这一民族技艺的熏陶。

顺治九年(1652)	乌扎拉村的赫哲人及其附近的满、奇勒尔人，配合宁古塔章京海色反击以哈巴罗夫为首的沙俄入侵者，揭开清朝军民联合反抗沙俄入侵的序幕
顺治十四年(1657)	沙俄侵略者斯捷潘诺夫等哥萨克入侵松花江流域依兰附近尚坚乌黑等处，赫哲、满、奇勒尔人配合宁古塔章京沙尔瑚达所率清军痛击入侵者。次年于松花江口击毙斯捷潘诺夫
康熙五十三年(1714)	清朝建立三姓（依兰哈拉）城。建三姓协领衙门，将此地赫哲族集中编入镶黄、正黄、正白、正红四旗
雍正九年(1731)	增设三姓副都统
乾隆四十五年(1780)	吉林边民（包括赫哲族）统一由三姓副都统管辖
光绪八年(1882)	于嘎尔当设置协领衙门，并将此地赫哲族编为一旗
光绪三十一年(1905)	设依兰府
宣统元年(1909)	裁撤三姓副都统

● 传统婚礼：赫哲人的结亲过程是由男方提亲，说成后就算订婚了。亲事订成后不久，先过小礼。这一天，媒人、未婚夫及其父母带着给姑娘的礼物和酒、肉等到女方家。酒席上，商定女方需要的彩礼数目、过大礼的日期和交换男女订婚媒帖这三件事。小礼过完，两家就正式结为亲戚了。之后是过大礼。就是在结婚的前几天，男方将女方所要的衣服、被褥、家具、首饰、酒肉直至马匹等物全部送到女家，双方商定娶亲日期。娶亲时，不管两家相距多远，都由男方接亲，个别人家也有女方送亲的。婚礼均在早晨太阳出来不高时举行。赫哲人的婚礼，早年只是把姑娘接回来，举行简单的仪式即可。到了清朝末期就有些繁琐了。什么敬酒、拜天地、跨马鞍子、拜祖宗三代、向新娘训话等等。现在赫哲族的婚姻形式及婚礼，已与汉民族基本相同。

● 围着篝火跳舞：河灯节是赫哲族重要的传统节日，放河灯是这一节日的核心内容。当满载着赫哲人的祈福、心愿的河灯星星点点逐水波漂向远方时，岸上的赫哲人会点起篝火，跳起古朴神秘的萨满舞，来度过这个节日的夜晚。画面中的3位赫哲人，正手拉着手，围着篝火，踩着另一侧萨满敲击萨满鼓发出的鼓点，且歌且舞。

从事祭祀活动的赫哲族萨满(图/冷菊贞)

第3章

穿越三界的旅程

宗教

本章主撰稿人：黑龙江省民族研究所研究员　谷文双　　黑龙江省民族研究所研究员　都永浩

萨满教信仰是中国通古斯语族民族的原始信仰，赫哲族作为通古斯语族民族的一支，自然也不例外。

萨满教是一种以氏族为核心的原始宗教，是一种多神教。

赫哲族信仰的萨满教，集自然崇拜、动物崇拜、图腾崇拜、灵物崇拜、偶像崇拜之大成。自然崇拜是其信仰世界中产生最早、包括的对象最广、延续的时间最长的一个信仰领域。

学者孟慧英认为：赫哲族萨满教信仰的核心是灵魂观念，由此滋蔓出丰富的崇祀群体——神。它的灵魂说囊括了灵魂从生成到回复整个阶段不同层面的全部运动状貌和规则，主要是关于现实生命阶段的灵魂运动的说明。

概括而言，赫哲族萨满教信仰的功能主要是对人本身的疾病与吉凶祸福的解疑和处理，为具体的与人息息相关的现实问题服务；其信仰的精神是在基本上平等的神灵世界中提倡自己一方的拼斗和努力，贯穿着一种与自然界漫布的神灵间的互利、互益，既联合又斗争的辩证沟通。

以萨满教信仰作为基础，赫哲族形成了一系列的传说、故事、说唱、祭礼仪式、节日庆典、丧葬仪式、生活习俗，从中我们可以看出自然是人的绝对主宰，神是人的直亲和朋友。

赫哲族的萨满教信仰是在她漫长的渔猎经济生活中滋生和成熟的，同时它也不断地受制于“哈拉莫昆”式的社会组织，带有原始社会组织的血缘乃至地缘色彩。赫哲族的萨满教信仰已经达到一个从观念到行为相对和谐的境界，既可以从现实生活的方方面面去寻究信仰的根源或影响，也可以依据信仰指导、规范日常的生活行为。

谁是萨满?

神择、继承、还愿和附体是萨满传承的四种方式

“萨满”系通古斯语，意为“激奋者”或“癫狂者”，有的专家解释为“晓彻”之意，即最通达、了解神意的人。萨满因为能够洞悉天机、沟通神人、代达庶望、传达神谕，起到人与神交流的媒介作用，因而被赫哲人视为“人的代表和神的使者”，在整个宗教仪式活动中起核心支配作用。

那么怎样的人可以担负起这沟通人神的重大职责呢?

神择萨满与家族传承

赫哲族萨满的承袭一般是听凭神意而遴选，从传说中我们可以看到萨满的承袭方式有四种，即神择、继承、还愿和附体。

需要特别说明的是萨满的继承，与世袭不同，并不是萨满的儿子当然当萨满，而是要由其父亲辈萨满的神“找上”这个孩子，孩子才不得不应允当萨满。所谓神找上门来，通常是这样一种情况，萨满的儿子到一定年龄时患了病，请萨满治病，而萨满认为小孩的病是其父辈萨满供奉的神在作祟，这时，这个小孩必须答应当萨满，否则他的病就不会好，或者变成残废。这种神择和家族代系传承机制，使新萨满的产生有了以血缘或家族为系统的特定传承群体。但是这种传承并不是绝对的父子传承，有的萨满家族是隔了好几代才又被其供的神选中一位新萨满，有的萨满若无子女，便由其近亲属的后代来替代。

按照赫哲人的观念，正常人是不能当萨满的，当某个族人或突然发病，或久病不愈，人们便认为他是被本族过世的萨满灵魂回转附体。这时患者经过许愿，答应病好后当萨满以谢神，待治好病，他就成了萨满。

萨满的产生缘于本民族和氏族发展的需要，它的承袭一般是听凭神意而遴选，不是谁想当萨满就是萨满。同样，如果该当而不当，赫哲人认为这个人往往要遭到神的惩罚。

跳鹿神舞的萨满(图/冷菊贞)

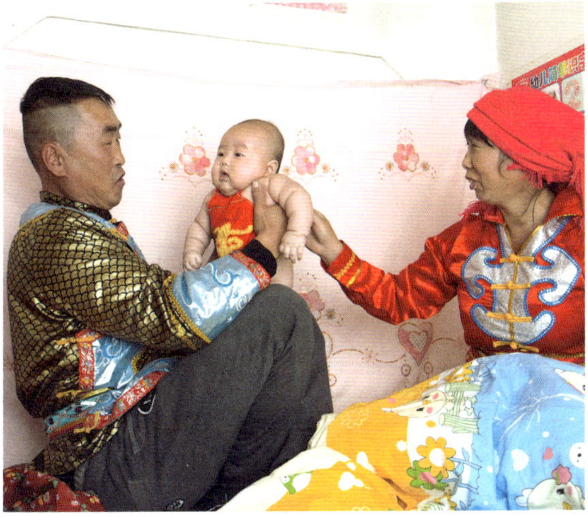

萨满家里添新丁(图/冷菊贞)

成为一个合格的萨满

成为一个合格的萨满,要经历漫长的学习和施法过程,包括知识、礼仪、程序的学习等等。

新萨满的学习年龄多在十四五岁到二十几岁之间,按照不成文的规矩,本家萨满没有指导自家新萨满的资格,新萨满学习萨满神术必须由外姓萨满来传授,以免神术逐步僵化。这种传授一般通过老萨满现身说法或者实地观摩来进行,平时,新萨满还要经常揣摩练习,熟记相关的神词。

当新萨满掌握了神词、神术、跳神、念咒、施魔法等技能后,方能领神。我国著名民族学家、人类学家凌纯声1930年曾详细调查过新萨满的学习过程,他认为,新萨满学习神技的过程,既是自身实践的过程,也是掌握领神技巧的过程。整个领神过程必须在晚间进行,而且需要9天时间反复练习,以后甚至还要经过3年的修炼,才能使自己变成合格的萨满。

在这3年时间里,新萨满不能给人看病,他要把主要精力放在学习与祭祀、跳神看病、占卜等有关的知识上,这些知识包括熟悉祭祀规程、礼仪、族史掌故、先代谱系以及神法;学习神器的使用规矩、用法、动作要领;掌握神赞或舞蹈的步伐;练习嗓音、步法和跳跃以及敲抓鼓、甩腰铃等动作。有时还要学习代达庶望,在人神之间架起桥梁,相互引见、介绍等本领;或者学习观星、问病、占卜等技巧。其中,昏迷术是最难学的。所谓昏迷术是指萨满在治病驱魔过程中,通过特定的程序,使自己进入昏迷状态,或产生痴迷行为,从而获得超人技能或超常智能。学习昏迷术难度大,要求高,所需时日也多。另外,各种神歌的学习也是至关重要的,常见的神歌有请神歌、问病歌、驱魔歌、谢神歌以及送魂歌,等等。只有经过如此几年的努力,新萨满最终才能成为一个有知识、有品位、有等级的萨满。

穿戴整齐的萨满(图/黑龙江省民族研究所,刘玉亮修复)

在雪地里跳神（图/黑龙江省民族研究所，刘玉亮修复）

赫哲文化的传承者

在赫哲族中，萨满是文化水平最高的人，是氏族文化的代表，也是原始文化的传承人。他们知识丰富、阅历深厚、记忆力惊人、口齿伶俐、能言善辩。在主持祭祀等大型公共活动中，间接地把传承文化的职能淋漓尽致地表现出来。

萨满围绕服饰、神器、神偶以及各种图腾图形的制作、加工进行说明，向族人灌输专门知识。比如，萨满饰物、神器上绘有各种图形，每个图形都具有特定的含义，含义的解释权在萨满。再如像太阳、神树、鸠神、“阔力”（鹰）、神石、星辰等，同样被萨满赋予了特定的文化内涵，同样需要萨满去说明。另外，萨满神服

黑龙江省民族博物馆收藏的木片日历，长45厘米，宽35厘米；木片长9厘米，宽2厘米。木片日历为赫哲族早年使用的日历，下排12木片代表12个月，上排30个木片代表30天。中线之左为一年中已过去的日子，中线之右为一年中所剩余的日子。整个圆圈代表月亮之意，这是赫哲族接受汉族文化后结合阴历而创造的日历（图/牛清臣）

正在学习祭天的当代萨满，地上还放着萨满鼓、配饰等（图/冷菊贞）

和配饰以及其他装饰物的构思、布局和形象主题，设计、加工及制作过程，无疑倾注了萨满的心血，也凝聚了族人的智慧。

赫哲族萨满文化本身就是一门雅俗共赏的歌舞艺术，它贯穿于萨满神事活动的始终。比如，萨满歌舞的编排、设计、表演等，体现出萨满的风格思路和设计理念，表现出萨满对神的悟性，透视出萨满对祭祀礼仪的理解。面对瞬息万变的祭祀主体和神事活动，他们随时根据不同的祭祀对象，设计不同的旋律、节奏、曲调及舞步。他们演绎传承下来的独具地域文化特色的歌舞艺术，成为赫哲人喜闻乐见的娱乐项目，甚至成为赫哲族歌舞艺术的起点。

神话、史诗、天文历法等知识，是赫哲族萨满文化宝库中的又一瑰宝。萨满作为口述文化的首创者和传承者，他们的口述神词包含着创世神话、部落来历以及祖先英雄神话等内容，是典型的口头民间文学作品。他们日复一日的传承发展，既为赫哲族原始神话、传说等的传承提供了源泉，又间接介绍了氏族的历史、地理和原始造型艺术，促进了相关知识的普及与传播。

赫哲萨满祭祀是一种意义特殊的教育形式。萨满以满足祭祀活动需要所进行的神事教育，在创造、继承、传播和发展赫哲族文化方面起到促进作用，客观上为赫哲人留下了精神财富，赫哲人诸如日月、五大行星的分布，恒星的方位、大小、亮度、形状以及移动规律等天文知识，都是借助萨满祭祀活动学来的。

扫描二维码欣赏
萨满祭祀

萨满吴进才的故事

同江市八岔赫哲族乡吴进才是怎样当上萨满的，据吴进才自述："小时候十多岁，得了一场伤寒病，家里请来萨满跳神治病。萨满对父母说'这孩子如果当萨满，神就会把他的病治好'……不久，病真的好了，我也就跟老萨满学习'神术'，当上了村里的小萨满。"在赫哲人看来，像吴进才这样的病人之所以能够治好病，关键是在他答应做萨满后得到了神的帮助。赫哲族的萨满为神选，如不应允，其自身和家人必遭灾报，这是人们普遍的看法。因此一般人都不愿意当萨满，只是为了防止报复才勉强为之。这种情况在现今通古斯诸民族中仍是萨满传承的重要现象。

萨满的品级、派别和种类

自古以来，赫哲族始终没有自己的职业萨满。许多萨满平时也要从事捕鱼猎兽生产，与其他人相比没有什么特殊，只有当他们从事与萨满有关的活动时，才能得到一些供品作为报酬。一些赫哲人甚至说："我们尊重的是他的神，而不是他这个人。"尽管如此，萨满之间还是有品级之别，有派别之分，依照职能有种类差异。

萨满品级主要视神帽鹿角杈数而定，即根据鹿角杈数的多少来决定萨满品级的高下。其中，鹿角杈数多者品级就高，鹿角杈数少者品级则低。按照约定俗成的品级排位方法，萨满的鹿角杈数有5杈、7杈、9杈、12杈和15杈几个等级。杈数越多，就意味着本领越大，通神能力越强。从最低品级升至最高品级，是有时间限制的。比如，新萨满多戴初级神帽，从初级神帽升至3杈鹿角神帽，需要2—3年时间。如果新萨满通神领悟能力强，也不一定非得论资排辈，可直接戴"五角神帽"。若升至15杈最高品级，至少需要30年时间。当然，由于各赫哲地区情况不同，对品级高低的认定标准也不完全一样。20世纪50年代，在对八岔赫哲族乡进行专项调查时，发现那里的萨满品级，只要戴12杈的鹿角神帽就是最高级别了。

三派萨满神帽上鹿角的区别（绘图/刘玉亮）

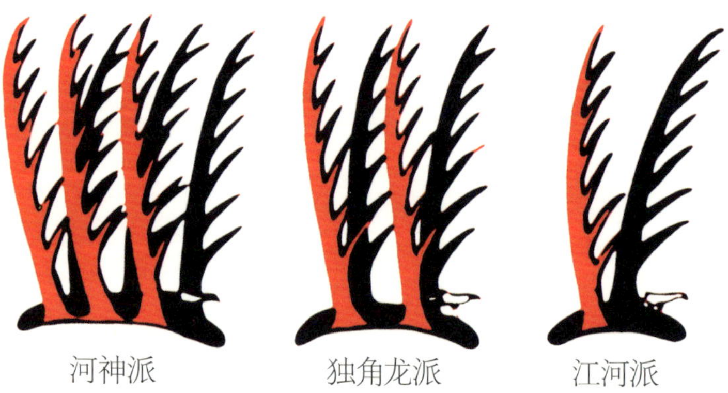

萨满帽和萨满腰铃（图/黑龙江省民族研究所）

赫哲族萨满不但在品级上有高低之分，在派别上也有明显的差异。他们以鹿角为标志，把萨满分为河神派、独角龙派和江河派3个派别。其中，江河派萨满头上戴的神帽鹿角左右各1枝，独角龙派的鹿角左右各2枝，河神派的鹿角左右各3枝。当需要区分萨满派别时，只要根据鹿角枝数多少，就知道他是属于哪个派别了。

萨满还有种类区分。无论法力高低，治病萨满一般不能送魂，送魂萨满也不能治病。为此，各个萨满只能在神定的范围内，从事与自己职能有关的祭祀活动。凌纯声根据自己的调查结论，依照职能把赫哲萨满分为5大类8小项，其中，送魂萨满（赫哲族称之为"达克苏特亦"）既能主持送魂又能主持其他祭祀仪式，品级最高，法力最强，但他不能为人治病。专门治病的萨满赫哲语称之为"巴其朗"，他的重要使命是通过驱赶鬼怪而治愈各种疾病。主持祭祀或祈祷的萨满叫"弗力兰"，他经常代人向神传话求情。至于跳鹿神、求子等神事活动，对萨满则没有具体要求，可视情况而定。

一个萨满的神灵世界

万物有灵和灵魂不灭是萨满信仰的核心

学者孟慧英认为：赫哲族萨满教信仰的核心是灵魂观念，由此滋生出丰富的崇祀群体——神，乃至神的功能、受授嗜好和习惯；人们的现实生活中也围绕信仰观念形成了一整套宗教行为模式、种类和将信仰贯穿始终的日常生活习惯。

一个萨满，或者说一个合格的萨满，他的神灵世界体现在以三界说为核心的宇宙观、以三魂说为核心的灵魂观及以三灵（神）说为核心的神灵观上。万物有灵和灵魂不灭是不二法则。

森严的三界

赫哲族的宇宙观是怎样的呢？凌纯声曾总结说："他们分宇宙为上、中、下三界：上界为天堂，诸神所住；中界即人间，为人类繁殖之地；下界为地狱，为恶魔住所……他们又分天为七层，造物主位于最高之天，其他诸神，皆居以下诸天。"

综合来看，在赫哲人（包括萨满）的观念中，整个宇宙分天堂、人间和地狱三界，人世间发生的旦夕福祸等，全是由鬼神来主宰的。为防止魔鬼在执罚世间罪人过程中恃威虐行，所以派其他诸神来保护人民，使魔鬼能够始终按照主神的意愿行事。此外，他们甚至认为，天堂和地狱也同人间一样，有繁衍生息的万事万物，有辛勤劳作的人民，大家过着捕鱼猎兽的生活，等等。萨满是鬼神与人类交流的媒介和平台，他可以把神的旨意转达给赫哲人，也可以把赫哲人的意愿传达给神灵，正是由于萨满在鬼神与人类之间的中介角色，才使神人之

沟通三界的萨满树

（绘图/刘玉亮）

萨满服饰中有一种主要的装饰图案——天界图，萨满树是天界图的标志，由树根、树干和树冠组成，在树根处坐着自己的祖先，在树冠上落满了各样的飞鸟，在树下是欢乐幸福的子孙以及肥美的牛羊。萨满树的图案构成分两种：以树干为中轴，分为对称式与不对称式。树杈有四五对不等，树枝被设计成回旋或伸展的曲线，树叶被设计成花朵形状。在萨满服饰中，这种天界图案的设计样式减弱了宗教属性，而增加了祥和的装饰韵味。装饰萨满树的动物也以简化的手法表现。

萨满树的树根对应天界图的下界，多配以蛙、蜥、蝎等动物；树干对应天界图的中界，多配以鸡、羊、鹿等动物；树冠对应天界图的上界，多配以灵鸟、太阳、月亮等。萨满树图案的应用，以赫哲族刺绣的结婚长袍最为典型。萨满天界图具有多种象征功能，如萨满施法、护身祛邪、神灵附身等。以萨满树为标志的萨满天界图是一种特殊的造型图案，装饰功能与象征意味有机结合，是体现萨满教观念的珍贵艺术形式。

由传统萨满舞发展而来的现代萨满舞

间实现了正常的沟通和交流。当与汉族或满族接触后，他们逐渐又有了“九层天”“天堂”和“地狱”等概念。

诡异的三魂

萨满的三魂是指人身上有奥伦、哈尼和法扬库三个灵魂。“奥伦”主司生命，人和动物皆有，身死魂灭；“哈尼”则在人活着的时候不但可以暂时离开肉体，去其他地方游荡，还可以与别的灵魂或神发生关系，它被称作“思想的魂”，“哈尼”始终不灭，即便人去世后，它仍继续存在，有时在家护灵，有时在外守坟；“法扬库”是具有创造来生能力的灵魂，被称作“转生的灵魂”，它是管转生的神所赋予的，人死之后，它立刻离开肉体，又回到其来处。回去之前，它要把生前所走的路再走一遍。男子需走7天，女子9天。然后，由送魂萨满主持出魂仪式，“再转入新生的人或动物”。

三种不同的灵魂，主宰不同的生命状态或阶段。生命魂与转生魂是说明人的来与去的，与它们相关的更多的是阴间信仰，而在赫哲人的信仰行为和口传文化中，关于“思想魂”的解释现象是最为丰富的。如思想魂的离体表现包括：失去知觉，精神失常，发呆走神，等等。总括起来，思想魂的最大特点是它的游弋性，萨满巧妙地把握这一特性，承担着人神交通的使命。

赫哲人始终认为，萨满既能够在阴间去追索被摄走的灵魂，使其起死回生，又能够找到被摄走的灵魂，使久治不愈的患者祛病延年，还能够占卜未来，使族人趋吉避凶，得到神灵的护佑。在赫哲族“伊玛堪”故事中，就有女萨满赴阴曹追魂救人的故事。

出魂与送魂

出魂与送魂是较能反映赫哲人灵魂信仰的习俗。当男人安葬7天、女人安葬9天后，要在当天晚上举行“出魂”仪式。仪式需要一个长2.33米、宽67厘米的布口袋和干草、桌子、酒壶、烟袋以及食物等等，装有干草的布口袋放在逝者经常睡觉的炕上，布口袋上再放上特制的枕头，上面还要用4种不同颜色的布拼成方心圆钱，其数一边是4个、8个或9个。据说方心圆钱越多，表明家人对逝者越难割舍。炕上摆一张桌子，桌上放着酒壶、酒杯和碗，同时放些酒肉和烟袋等等，要求碗数必须是奇数，赫哲人称之为“档子”。每当家人一日三餐前，都要先敬逝者，在出魂这天晚上，要向逝者的灵魂敬酒告别，以此寄托对逝者的哀思。

送魂（俗称“撂档子”），就是把逝者的灵魂送入阴间（“布尼”），此后，家人可以脱去孝服。送魂的时间少则百日，多则3年，主要视该家庭的经济状况而定。

置“木古法”是赫哲人送魂的重要活动之一，举办地点多在逝者家的院落内，即先用木头搭个木棚，四周用白布或苇席圈围起来作为祭祷场所（有的说不搭棚，主要在屋内进行），接着制作一个人形木偶，赫哲人称之为“木古法”，并给它穿上衣服和鞋，戴上帽子，代表逝者置于新搭好的棚子里。送魂萨满要头戴神帽，身穿神衣，脚穿神鞋，腰系铜铃铜镜，手持神刀坐在木古法的旁边，击鼓祷告3天。在第三天的晚上，萨满主持送魂仪式。他要将木古法放在爬犁上，送到西北方向扔掉，还要在一旁不住地叨咕道：“我负责保护把你送到阴间，请你放心走吧！不要留恋家。”接着，他让一人手拿木刻的阔力神，要求头既不能朝上，也不能朝下。如手拿不平时，萨满要随时提示。据讲，如果逝者的妻子忠于他，魂灵就容易送走，否则妻子就要遭受皮肉之苦，即把她的头打出血，“用刨花蘸一点血，夹在‘木古法’的腋窝”，这时，逝者的魂灵才肯离去。在送魂过程中，萨满要边跳边唱送魂歌：

奥伦（灵魂），可怜的奥伦，
神保护着你。
在阔力神的指引下，
把你送到布尼（阴间）。
你放心地去吧，不要留恋家里。
你的孩子给你斟酒，你高兴地喝吧。
喝完了坐上十五条狗拉的拖拉乞（雪橇），
顺顺利利地去布尼，
平平安安地去布尼。

萨满以舞施神术
（图/冷菊贞）

万能的三灵(神)

三灵(神)是指分布在上界、人间和阴间三大类神灵的统称,各司其职,分别扮演不同的角色。其中,上界灵(神)是以天神“恩都力”为代表的一群灵(神)。包括天神、日神、月神、雷神、风神、云神、星神、雪神、虹神等等,赫哲人没有统一的、至高无上的大神。恩都力在任何情况下都不可能是萨满的保护神和助手神,它们从来不帮助萨满去完成任何一件具体功业,如跳神看病、驱恶祛邪,等等。

人间神则是以色翁为代表的一类灵(神)。色翁是萨满的助手和保护神,只有在它们的保护和帮助下,萨满才能及时找到夺走病人魂灵的恶魔,或者去到很远的地方。当萨满与恶神决斗时,色翁时刻保护萨满的人身安全,使他免受攻击或被杀死。色翁们多居住在高山、大河、怪石和森林等偏僻之地,以人形或动物形象出现,它们虽能帮助人做一些治病、追魂、占卜以及夺魂等事,但若常以血祭,则可能变作布树库伤人害人。据目前统计,有关的色翁有50种左右,如赫哲人熟知的爱米神、吉星神、头痛神,等等。其中,爱米神是萨满主要的助手神和保护神。

阴间神乃是以布树库为首的一类灵(神)。有意思的是它们似乎主要活动在中界,作祟于人。不是缠住病人,就是勾去人的生魂,加以折磨,或者把人骗进深山老林、大泽深潭,最后让人掉魂丧命。一些惨遭横死,或上吊、投水自杀的人,亡魂也会变成布树库,为害一方。只有萨满在其助手爱米的帮助下,才能与它们抗争。布树库更像为祸中界的一类恶魔,并无多少下界神鬼特征。与下界相关的神灵便是几个能陪伴或指引萨满去阴间的阔力神等。

正在举行宗教仪式的萨满

赫哲群神谱

赫哲族信仰多神，但本家族、本地崇信的对象是有限的，萨满领神，也相对确定。就萨满来说他们有自己供奉的神，统称托落神。“托落”是祭祀所用神杆，亦代表神位。其中包括家族几代供养的神祇，萨满佑身的爱米神和大大小小与萨满友好或施惠于萨满的神灵，其中有动物神、玛妈玛法神及各种色翁神。

我们可以如此归纳赫哲神群：(一)与山川地貌、生产、生活相关的地域神和专职神。如山峡神、木克蹲特神(水神)、房山神、打围神、司皮神、司鬼神、避邪神、痨病神、治各种病的娘娘神、祖先神，等等。(二)动物神。如水獭神、蛇神、蜥蜴神、狗神、虎神、豹神、狼神、野猪神、龟神，等等。这些神也多有专职，各居一方。(三)萨满神。萨满神种类繁多，有萨满师傅一类的玛妈玛法神，如“石头公公”“石头婆婆”神；有萨满的守护神、助手神，如爱米、布克春、萨日卡、额其和等等；有萨满所领的神或使役神，这些多是动物，如给送魂萨满领路的阔力神、代萨满说话的克库(杜鹃鸟)神、帮萨满渡江河的阿都(猫)神、萨满往返阴间遇险时用的黑额恩木热(鲸鱼)神、珠日翟力阿金(鲤鱼)神，等等。他们也是萨满的某一方面的助手。

赫哲族的神已有萨满专有和老百姓普通供祀之分。萨满领的诸神约有19种，普通人家供奉的神约有15种，共34种：计鸟类二、兽类十三、人形偶十一、爬虫二、器物四、鱼类二。有的人说赫哲人知道多少动物和爬虫，就有多少个神。此说虽不尽然，但有一定的道理。他们相信万物有灵，这是原始宗教信仰的特征。

①

②

③

④

图①：吉星神(图/刘玉亮)
吉星神是赫哲人经常供奉的一种护佑神，它的地位仅次于天神。此神能力巨大，当有人患病，族人即会祭拜它，期望吉星神显灵保佑家人早日康复。吉星神尚洁净，所以妇女儿童都不能靠近它，以免亵渎神灵

图②：木克蹲特(捕鱼之神)(图/刘玉亮)
木克蹲特是主管捕鱼的神。赫哲人外出捕鱼时，把它放在衣袋或口袋中。需要时，随时拿出来祭拜。每当春季捕鱼季节到来后，就要以酒祭祀。人们三三两两来到江河滩上，烧香磕头。据赫哲人讲，江河里生长的鱼都归它统一调拨，若想多捕鱼，就必须取悦于它，否则将捕不到鱼

图③：爱米神(图/牛清臣)
爱米神是萨满主要的助手神和保护神，无论是请神治病还是托梦传信，抑或勾摄灵魂等等，无所不能。它既能行善事，使萨满通神明抵恶魔，充当保护神，又能使人遭灾生病

图④：司鬼神偶(图/牛清臣)
在赫哲族的神灵系统中，多数为善神，但也有一部分恶神加害人类，所以当然会有与之对抗的神灵，也就是司鬼神偶。这是一种级别不高的神偶，威力较高的，还是“色翁”神灵系统中的爱米神、吉星神等神偶

神灵的寄寓之处——萨满服饰

萨满服饰是萨满在祭祀等活动中穿戴的各种衣物、佩饰等的统称。萨满服饰具有神秘色彩，它的装饰图案，以纹饰和天界图为主。纹饰中主要有水珠纹、气流纹、水纹、花蕊纹、螺纹、菱角纹、云纹、网纹等。其中的每一种纹饰都具有非常深刻的寓意，所展现的内涵也各不相同。

赫哲族萨满服饰主要由神帽、神衣、神裙、神腰带、神鞋以及神手套等六部分组成，每个部分都有与众不同的特点。

神帽，赫哲语叫“胡也刻”，又称鹿角神帽，是赫哲萨满主持祭祀活动所穿的重要服饰之一。整个帽子分帽头、帽角和角带三部分，多用皮子和铁皮加工制作。根据萨满等级、性别等分为初级神帽、高级神帽、女萨满神帽以及刨木花神帽，等等。高级萨满的神帽饰物较复杂，由鹿角杈、飘带、铃铛等构成。鹿角、铃铛的多少和飘带的长短反映了萨满的等级。另外，神帽前面正中多悬一小铜镜，鹿角中间则悬铜（铁）制鸠神，有时帽子上还悬求子袋，等等。难以理解的是，女萨满神帽装束显得有些简单，它与初级神帽很相近，唯一不同的是帽子四周用小片的荷花瓣装饰，下垂以飘带而已。

神衣，赫哲语叫“希克”，它多是以兽皮为原料加工制作的。据赫哲人讲，神衣的式样酷似对襟马褂，萨满祭祀时多把它套在长袍外面。为增强神衣的神秘性，人们起初专门选用被

神衣（图/黑龙江省民族研究所，刘玉亮修复）

腰铃、神手套（图/黑龙江省民族研究所，刘玉亮修复）

赋予灵性并带有某种神秘色彩的龟、蛇、蛙以及四足蛇等动物皮来缝制，之后才改用鹿皮或布料。神衣前后常饰有龟、蛇、蛙以及四足蛇等动物图形，两袖底之间多饰有小皮条4条。

神裙多以兽皮为原料加工而成，它的饰物很多，有布质的、铜质的和皮质的等等，通常为布带、皮带、铃铛、小铜镜、珠苏以及龟蛇等形象。

神腰带是用来拴系腰铃的带子，一般为皮质。腰铃则是铁制，长18厘米，呈圆锥管状，共有46个。

此外，还有神手套、神鞋、神袜等。它们多用兽皮制作，手套多染成紫红色，再镶以黑边，上面各缝有四足蛇和龟的图形。神鞋早年是用蛙皮做的，鞋面上除系有铃铛外，没有其他饰物。神袜多是用狍皮或鹿皮制作，袜子背上经常饰以龟形图案，它同样是用黑色的皮子剪裁完贴缝上去的。

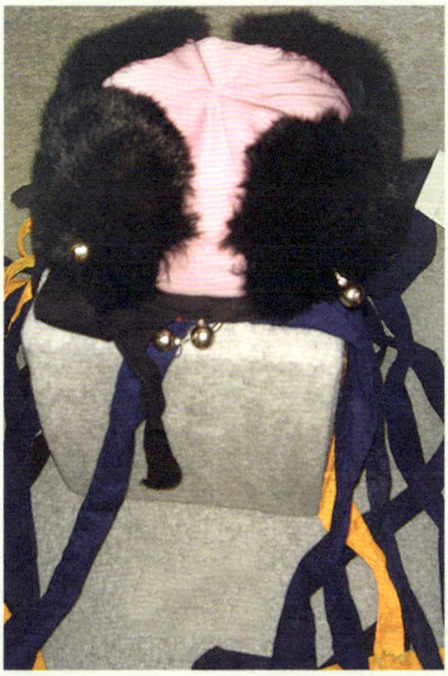

左图：神帽（图/刘玉亮）

右上图：神裙（图/黑龙江省民族研究所，刘玉亮修复）

下图：饶河县四排乡河灯节上的萨满（图/冷菊贞）

神力之所在——萨满神器

神器是萨满从事祭祀活动所使用的各种工具的统称。赫哲族萨满神器按类别划分，有祭祀用的，有披挂饰物用的，有请神、通神用的；按使用方式划分，有敲打的响器，摆放和祭祀用的祭具。

神鼓是重要响器之一，它多为圆形或椭圆形。由于祭祀的需要，萨满多在鼓面上绘有龟、蛇、蛤蟆以及四足蛇等图案。神鼓能助萨满通神，是萨满上天入地的重要工具。由于赫哲人有举行家庭祭祀的需要，因而各家也都准备神鼓，以便随时击鼓祷告。

鼓槌由桦木或柳木等硬木制成，多用兽皮等包裹，使鼓声变得柔

俄罗斯那乃人的鼓槌及纹饰

（绘图/刘玉亮）

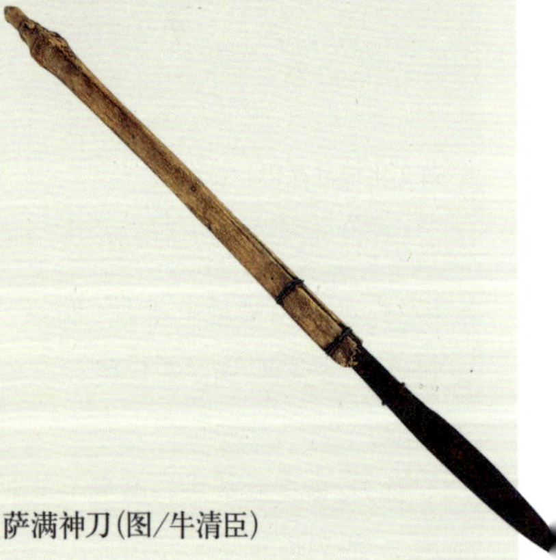

萨满神刀（图/牛清臣）

上图：铜镜（图/刘玉亮）

左图：击鼓祷告的女萨满

萨满文化传习者（图/冷菊贞）

和悦耳。为突出鼓槌的神性，槌背上多雕绘有布克春、蛇、四足蛇以及龟等图形。

神刀，多在武萨满与魔鬼斗法时使用。一般刀长26厘米，刀柄长1.1米，整个神刀通长在1.3—1.6米之间。神刀分木柄神刀和皮柄神刀两种。其中，新萨满多使用没有包皮的木柄神刀，只有3杈以上萨满，方能使用蛇皮包的木柄神刀。据赫哲人讲，神刀具有通神的能力，在与魔鬼斗法时，其神力能够穿透病体，使病人痊愈。

神杖，多是文萨满在与魔鬼斗法时使用，多为木制，杖头安有布克春铜人神偶，铜人口中有“活动的铜钱”，当舞动神杖时，会发出有节奏的响动。整个神杖通长在1.3—1.6米之间，杖柄之处多包以蛇皮。除了用以斗法，神杖还被用来求雨和消灾祛病。

铜镜，赫哲语称“托力”，是赫哲萨满主持神事活动必佩的饰物之一，它多缝（挂）在神衣、神帽或神裙上。大的直径有33厘米长，小的只有7厘米。据说，在萨满和鬼怪斗法时，铜镜可以依靠自身的神力保护主人，而且萨满佩饰的铜镜越多，法力和神力就越大。

神杆，赫哲语称“托落”，是立在萨满住屋西头的3—4根木杆的统称。神杆长短不一，每根神杆上面都刻有各种神偶，或绘有各种动物图案。其中，中间那根杆头有鸠神或带翼神兽等图形，杆上绘有蛇、龟、蛤蟆、四足蛇及爱米等神的图形，杆下根部有一男一女两个木制人形神偶，统称“朱林”。杆子皆向东方，由南而北排列，鸠神为领路神。萨满主持跳鹿神活动时，多从神杆处出发，然后再回到神杆处。

各具法力的萨满神偶

神偶是萨满祭祀时必备的神物，也是赫哲人寻求精神寄托的祭祀对象。神偶有男、女之分。其中，男神偶多为平顶或圆顶，女神偶多为尖顶或三角形顶。神偶有木制、鱼皮制、兽皮制、石制、骨制以及铜制或铁制等。造型有人形、动植物形等。可以说，萨满神偶除用于祭祀外，渗透入赫哲人所有的精神和生活的世界。

在具体神事活动中，通神类神偶多是萨满助手或保护神。比如赫哲人熟悉的爱米神、布克春神、阔力神、额其和神、萨日卡神等几十种神。这些神偶或保护萨满，或与妖魔鬼怪斗法，或帮助萨满通达神明，在阴间还是引路者或驮运者，既是萨满的主人，又是萨满的佣者。其中，爱米神是萨满的得力助手，无论是请神治病还是托梦传信，抑或勾摄灵魂，无所不能。它既能行善事，使萨满通神明抗恶魔，

爱米神（图/刘玉亮）

爱米神是萨满主要的助手神和保护神，它既能行善事，使萨满通神明抵恶魔，充当保护神，又能使人遭灾生病。阴间有布树库为首的一类恶灵（神），这些恶魔鬼怪经常加害于族人，它们或者勾住病人的魂灵，为祸作祟，使尽招数折磨人，或者把人骗进深山继而使其掉魂丧命。萨满只有在助手爱米神的帮助下，才能与它们对抗

充当保护神，又能使人遭灾生病，可谓善恶合体、阴阳两面之神。阔力同样是萨满的得力助手，其神偶图形似展翅飞行的雄鹰。当萨满主持送魂仪式时，它多起到送魂、引路和驮运萨满的作用。在赫哲族神话传说故事中，有许多关于阔力神鸟的描写。

治病是萨满重要的神事活动之一。主管治病的神偶有痨病神、肚痛神、避邪神，等等。肚痛神偶形状似四足兽，兽背上立一木头神，它的长度在36厘米左右。避邪神偶则是一男一女两个人形神偶。其中，男性神偶通高49厘米，女性神偶一条腿缺一部分，通高52厘米。司鬼神偶亦是一男一女两个人形木偶。男性神偶通高32厘米，女性神偶通高36厘米。两个神偶均没有脚、腿、手，只有头、眼、鼻等。

赫哲族自古以来就以渔猎生产为主，间或从事采集等相关产业，由此产生了许多与渔猎生产有关的神偶。比如，龙王神、打围大神、司皮神、鱼神、江神及各种动物神。打围大神是最重要的神偶之一，它多为木制，拟人图形，通高在92厘米左右。赫哲族萨满还模拟每个动物的图形特点，制作了虎、狼、猪、狗、鳇鱼、蛇、龟等许多动物或鱼类神偶，当外出捕鱼狩猎时，放在衣袋或口袋中。需要时，随即拿出来祭拜。

野猪神（图/刘玉亮）

神鹰——“阔力”（图/刘玉亮）

赫哲人认为自然界中万事万物都有神灵，比如天神、地神、日神、月神、星神、雨神、雷神、山神、火神、石头神、树神、老祖宗神等等，由此制作了许多祭祀时使用的神偶。无论是族祭还是家祭，无论是野祭还是节日祭祀，都需要把相关神偶供上。其中，天神神偶是赫哲人最敬重的神偶之一，它多为木制，其形状为拟人图形，在其肩部下面各立一小人图形。据赫哲人讲，他们之所以如此设计，意在保佑族人一切顺利，多捕鱼，多猎兽。

“巴恩都力”天神木雕神偶（图/刘玉亮）

天神神偶是赫哲人最敬重的神偶之一，它多为木制，形状为拟人图形，在肩部下面各立一小人，其意在于保佑族人，多捕鱼，多猎兽

当代赫哲族萨满文化传习者，一招一式，有板有眼(图/冷菊贞)

萨满祭祀——游走在神、鬼、人之间

娱神斗魔，祈福禳灾

萨满祭祀是萨满教的核心表现形式，是物化了的宗教思想和文化内核在现实世界中的客观反映，具有丰富的历史文化内涵。萨满祭祀有家祭和族祭等几种形式，尽管也有祭事简单的祭天、祭星、祭祖等，但赫哲族萨满教仪式以祈禳和治病最为流行。

学者孟慧英认为："从现有资料看来，赫哲族萨满同神鬼打交道的诸多仪式中，最有特点的是跳鹿神和治病。这两种活动都是以地缘范围为特点的，即活动范围是以村落为主，尽管同村中也包括一些同姓家庭；萨满不只为本姓服务，还要为具体对象服务，对象包括本姓与外姓各色人等。"

上图：驼鹿图画（图/刘玉亮）
下图：新石器时代的岩画——鹿（图/刘玉亮）

神灵的狂欢——"跳鹿神"

跳鹿神实是全村落的还愿祈禳仪式。凡跳神医病得愈之家、求子得子者等，必于此时还愿。萨满亦趁此时为自己家人及合屯村民消灾求福。跳鹿神突出反映了赫哲族萨满祭祀喜庆祥和的一面，有别于其他祭祀给人的庄重、严肃、神秘、紧张甚至略带恐惧之感。

赫哲人每年都要举办两次跳鹿神活动，具体时间由萨满来确定。跳鹿神活动多在"日上三竿"时开始，萨满先把爱米神供在西炕上，然后焚香敬酒，接着请求诸神保佑族人幸福平安。祷告完毕，早已等候在屋内的少年每人走三圈，并击鼓摆腰铃来助兴。鼓声和铃声，声声震耳，把喜庆的气氛推向高潮。萨满则穿神衣、戴神帽、持神鼓坐在炕沿上，大家纷纷往其神帽等神具上洒酒以示敬重。萨满祷告完毕后，便下地跳神。从炕沿到门口，自右向左转三圈，自此拉开了跳鹿神活动的序幕。

按照惯例，跳鹿神活动要整队出发，合屯老少若干人组成神队，依次打着鸠神旗杆，拿着爱米神，或手托鹰神，手拿神刀，一路唱着鸠神歌而行。萨满则头戴神帽，身穿神衣神裙，足蹬神靴，手戴神手套，胸佩布克春、萨日卡、额其和及护身镜，紧随其后领唱神歌。跳鹿神的路线有两条，如果领爱米神，队伍要先走到屯西的尽头，然后由西向东挨家跳神，一直跳到屯的东头，再面朝西跳回家。如果不领爱米神，则出行路线正好相反，呈由东向西之走向。

每到一家，萨满把爱米神偶和鹰神偶放在桌上，将神刀"插在西炕前，刀头向下，口朝外"，点香敬酒并往两神偶的嘴上滴一些酒。然后萨满进屋跳三圈神，家主人等跳完神后向他敬酒。萨满所去人家一般为奇数，

赫哲族伊玛堪传人葛玉霞当年在学习说唱、萨满舞等相关技艺

凡家中有病人的不去，坐月子的不去。当跳完最后一家后，萨满要吃点、喝点，歇息一会儿，然后唱归来神歌返回。

当萨满回到自己家时，要为众还愿者作祭神还愿仪式。最后再由萨满进行谢神、送神仪式。事毕，众人饮酒食肉而散。当全部活动结束后，萨满才能回到屋内，再跳三圈神并祷告，最后脱去神衣。与此同时，屯中愿意鼓舞或能摆腰铃的人，相互竞赛，看谁的鼓敲得响，看谁的铃摆得清脆。

跳鹿神活动还有到外屯跳的。当需要走水路时，要找几条大船把萨满及相关的人运到所去村屯。跳神的程序如故，当船靠岸后，来接的人纷纷抓着萨满腰带上的皮条跟在后面跳。如果路途远，可以在屯中住下，第二天继续跳。

赫哲族的跳鹿神一般于每年早春二三月或初秋七八月举行，从时间上看，它很类似于北亚渔猎民族的春秋大祭，该祭除了祈福消灾之外，还包括祈求获物丰收、出行顺利等意愿。

灵的搏斗——驱魔治病

治病是萨满的重要职能之一。赫哲人有关疾病的解释一般都是归之于恶灵所为，或是恶灵附体害人，或是恶灵摄取病人的灵魂以养自身。因此，保护灵魂和惩治侵体灵魂成为萨满法术中的主要内容。萨满治病主要是通过请神诊病、跳神治病等形式实现的，有请神、降神以及送神三个过程。这种跳神治病的形式，过去在赫哲族地区普遍存在着。

要把病治好，查找病因是关键。萨满排查出的病因主要有：许了愿未还愿；言语行为不端被神灵怪罪；为恶魔侵害，“第二灵魂被鬼怪摄走”，等等。查明病情后，萨满要通过向神灵求情许愿或驱鬼抓魂等方式，驱赶恶灵，为人治病驱灾。

请萨满治病有一整套严肃的程序，在完成这些隆重而严肃的程序后，萨满根据病人的病情，自行决定是马上还是择日给病人看病。

萨满多在日落以后看病，看病时系神裙，挂额其和、布克春等神偶于胸前，同时把腰铃挂上，“曲一膝坐在炕沿之西或北，左手持鼓，右手持槌。双目半开半闭”（凌纯声《松花江下游的赫哲族》）。在萨满摆好姿势的同时，病人则盘腿坐在炕上，位置或朝东或朝南，他的背后同样跪着一人，双手扶着病人的肩膀。当三大通神鼓响过之后，萨满开始进入角色。萨满依次从自身所领之神、从病者家所供之神及病人是否扰及鬼怪、冤魂等方面入手，查找病因，如果找到病因，病人肩膀就会抖动。若病因是许愿未还，萨满就会向神祷告求情，答应病人痊愈后要向神还愿。若确系中魔，萨满就要击鼓祷告，与鬼怪斗法。

在整个驱魔过程中，萨满有时处于半昏迷状态，两手舞动，两脚狂跳不已，直到抓住附在病人身上的鬼怪，或者夺回病人被摄走的魂灵为止。当病人越抖越厉害时，说明他的灵魂要回家了。此时，萨满“舍鼓换刀，立在病人面前，舞动神刀左右旋转，反复劈去。忽而投刀直向病人怀中扑去。若病者昏迷向后倒去，系灵魂业已捉着，归还主身，病则自愈。如萨满扑去时病人仍坐而不仰倒，则灵魂又已逸去，未能捉到”（凌纯声《松花江下游的赫哲族》），如此反复多次，直到捉住为止。在此过程中，萨满边击鼓、边祷告、边祝愿病人早日康复。家人则分别把小米饭粒往爱米神嘴上涂抹，或者用手往空中、地下和四周等弹一些以谢神。

萨满治病结束后，要把额其和、布克春及萨日卡等神偶挂在病人炕上的幔杆上，同时把许愿的牲畜剪纸一并挂上，待病人痊愈后取下。患者家人要于次日来到萨满家，除把神具送回外，还要带供品等以谢萨满。萨满则坐在炕沿，面向西炕，击鼓祷告说："某人现在病愈，带来香草酒食，谢你神灵，望你食用，并永远保佑他。"大家边叩头谢神、边敬萨满酒以表谢意。

如果病人没有完全康复，萨满还要跳神，他要手拿神刀，在坐于地上（或凳子上）的病人面前来回舞动数圈后，用刀在左右两侧从头顶慢慢扫下，再走到背后重复此动作，其用意是把余病扫除干净。如果跳神后病人还不见好，萨满就以自身功力不行告退，告知家人另请高明。

痨病神——"哈恩都力"（图/刘玉亮）

学者孟慧英认为："与魔鬼作战是赫哲萨满治病最普遍的方式。神祇间的平等地位，使他们不去从'上等神'的权威那里寻找解决矛盾的途径，而是从'势均力敌'的局面中发掘自己一方的勇气和精神。这正是赫哲族萨满教的重要特点，也是她文化的重要特点。"

同江地区的萨满在跳鹿神（图/冷菊贞）

牛尔罕——百病可医的神画“药方”

文/孙运来

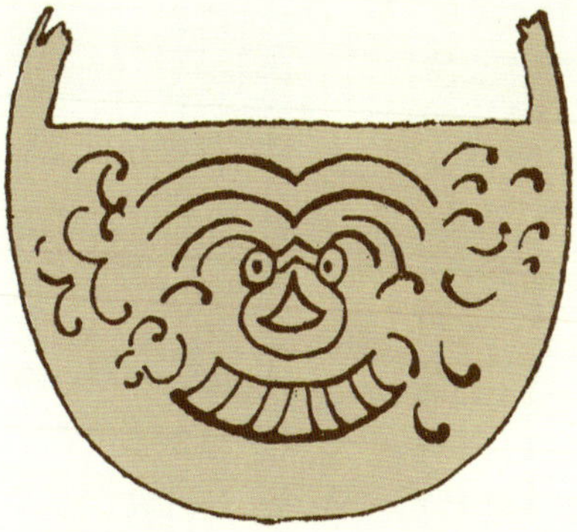

神画“药方”——牛尔罕(绘图/刘玉亮)

萨满为病人绘制的神画“药方”被称为“牛尔罕”，它是一种用墨和颜料绘制的图画。1885年，一些用墨画在纸上的原版图画被发现，这些图画被称为“萨满的药方”。所谓药方是萨满在由于某种原因不能亲临病人床榻前的情况下制作的，它被送到病人那里后，病家的某个成员再按图用木头刻出动物或人的形象，分别挂在一定的地点，“药方”则固定在一根木棍上留在屋里。

牛尔罕的轮廓和某些细部常使用墨来绘制，蓝色、红色、淡紫色、黄色等其他颜色的颜料，则用于装饰。但也有只用黑墨绘制的“牛尔罕”。

还有一种帮助赫哲人治病的整幅图案叫作“杜斯呼”。杜斯呼里包括下述物品：用墨和颜料绘制的牛尔罕，金属制的9条蛇图形和带3个木刻神像的杜斯呼图形。所有图案均要在“诊断”开始前做好。

萨满是靠据说“钻进”人体内的小恶魔所非常惧怕的那种非常厉害的动物的帮助而使病人摆脱痛苦的，而各种巨怪，即幻想动物，出现在“治病用的”牛尔罕上的原因就在这里。萨满认为，如果这种强大危险的动物图案摆在病人身旁，一定会迫使病魔离开病人。

大多数牛尔罕中动物图形居多而人形图形较少。对人形图形的处理又比对动物图形的处理更具有现实主义特点，这无论在黑龙江各民族的艺术中，还是在其他西伯利亚民族那里，都是一个少见的现象。牛尔罕上常见的图案有天空、土地、鸟、蛇、蜘蛛、虎、龙、“达安托”、身穿满汉族士兵服装的行人、穿有同样服装的骑士、爱米神、旗、供桌。

问病歌

是不是XX恶鬼兴妖作怪？
嘿！咚咚咚！
是不是XX妖魔摄走灵魂？
嘿！咚咚咚！
是不是XX萨满在寻找替身？
嘿！咚咚咚！
是不是XX恶神找上门来？
嘿！咚咚咚！

撰稿专家

谷文双，回族，黑龙江省民族研究所研究员，副所长。长期从事民族研究工作，研究内容涉及达斡尔族、鄂伦春族、鄂温克族、赫哲族、满族、蒙古族等诸多民族，发表论文30余篇，出版专著2部、合著10余部。获奖成果有《北方民族渔猎经济文化调查研究》等。

都永浩，朝鲜族，黑龙江省民族研究所研究员，所长。

《木日历与赫哲族古老的纪岁方式》

扫描二维码，
阅读专家代表著作的电子版

穿着融入当代元素的民族服装的赫哲族少女(图/冷菊贞)

第4章

渔猎特色
——一个东北边陲民族的审美世界

艺术

本章主撰稿人：

黑龙江省民族研究所研究员　都永浩　　黑龙江省民族博物馆研究馆员　尤文民

赫哲族是一个渔猎民族，并且是北方少数民族中唯一曾以渔业为主的民族。长期与自然环境的互动，令赫哲族形成了独特的渔猎文化，孕育出了极富个性的民族艺术。

赫哲族的艺术审美首先基于满足日常生活、维持族群繁衍的基本需要。以服饰艺术为例，赫哲族是世界上唯一一个长期以鱼皮制作服装的民族，鱼皮服在原料、款式、纹饰以及制作工艺等方面，都完整地保留了赫哲人的风俗习惯。同样，赫哲族的音乐也具有浓厚的渔猎文化特色，其旋律的基本风格，听后“给人以波涛起伏、浪花滚滚的感觉”。赫哲族的民间歌舞存在于生活的每一个角落，许多传统舞蹈多模拟捕鱼、狩猎场面或与渔猎经济活动相关。如叉草球舞、鱼鹰舞、篝火舞等几乎活脱脱地就是赫哲族渔猎生活的风俗图。

万物有灵构成了赫哲人原始崇拜和原始宗教信仰的基础，也促进了赫哲族相关艺术的起源与发展，使之具有神秘的宗教色彩。古老的萨卡奇–阿梁村岩画，反映了赫哲族先民对火、太阳、蛇的图腾崇拜观念。赫哲族的雕刻艺术也缘于原始崇拜的精神需要，是原始宗教信仰与艺术完美结合形成的民族文化的真实记录。赫哲族民间美术则沿袭了原始美术中象征符号的造型方法，这种象征符号源自图腾崇拜。萨满教成为普遍的宗教信仰之后，围绕萨满服饰、神器、神偶以及各种图腾图形的制作、加工和萨满神事活动等方面，萨满和全体赫哲人又创造了服饰、造型、音乐、舞蹈等多种艺术形式。尤其是他们演绎传承下来的独具地域文化特色的歌舞艺术，甚至成为赫哲族歌舞艺术的起点。

鱼皮制作技艺——适应自然的选择

全世界使用鱼皮制衣时间最长的民族

冬衣兽皮，夏衣鱼皮

赫哲族世代居住在三江流域，沿江分布着一望无际的茫茫林海和高低起伏的崇山峻岭。青山绿水之中，自然资源丰富。在独特的捕鱼、狩猎的过程中，赫哲人与自然之间表现出一种依赖和顺应关系，反映在赫哲艺术中，便是蕴含着崇尚自然的朴素审美观，这种审美观的一个重要原则就是反对人为雕饰，追求不失事物的本性本色，尽量保持其天然状态。

鱼皮衣表现出的正是这么一种古朴雅致的审美情趣。他们的木雕艺术也多忠实于动植物的原型，少有再创造的内容。至于如《我的家乡多美好》《渔歌》《打猎歌》等“嫁令阔”，抒发的都是赫哲人对家乡山河、风光的热爱之情和对捕鱼、狩猎的欢愉之情，这也恰恰表明了生存的自然环境对赫哲族音乐审美心理的造就。

赫哲人在长期的渔猎生活中，与大自然及其中的飞禽走兽、鱼虾昆虫等结下了不解之缘，对它们的特点了解入微，因而用寥寥几笔便能生动形象地勾勒出它们的形貌来。在赫哲族的传统观念中，崇尚人与自然的统一，强调以人为本。在这种观念支配下，赫哲族艺术强调主观唯我观念，形成意象造型的审美体系，借物寄情，不求形真只求情真。各种花卉、鱼虫、鸟兽通过赫哲族人的手，演变成了许多奇奇怪怪、变化多端的几何纹样图形。他们的木雕造型艺术，大多采用夸张的表现手法，但夸张有节，变化适度。刻画的人物不着意雕刻五官表情，也不刻意于人体结构和比例关系，而是以突出人物的动态传神来表现造型的稚拙与简练。具象的造型艺术中熔铸了抽象因素，既生动逼真，又简括凝练，各个

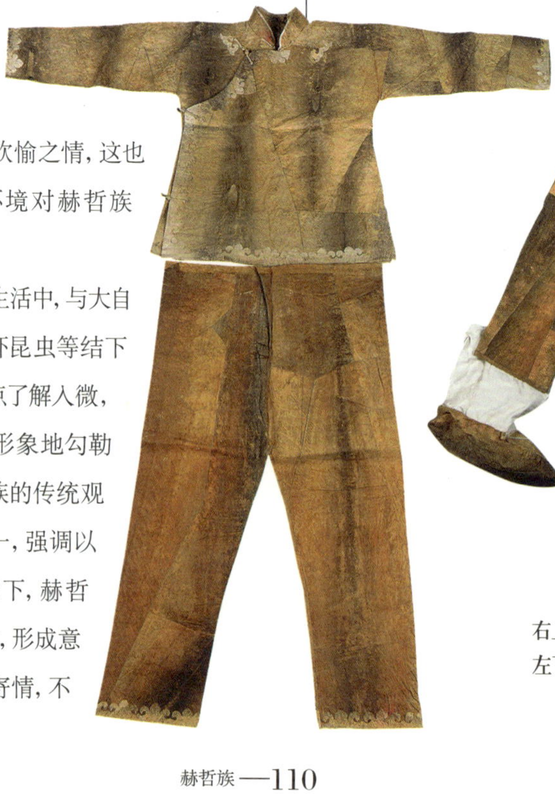

右上图：男式鱼皮服

左下图：女式鱼皮服

部位与整体和谐，使形象充满生机。

鱼皮服，是赫哲族鱼皮制作技艺的代表。服饰和一个民族的历史及文化发展紧密相连，它与一个民族所处的自然环境，特别是气候条件有着密不可分的关系，而“人的生产方式和生活方式又直接影响着服饰的形成与发展”。

赫哲族世居的三江流域，渔猎资源丰富，因此，赫哲族一直以捕鱼和狩猎作为衣食的主要来源。他们不仅以鱼肉、兽肉为食，穿的衣服也多以鱼兽皮为材料，所谓“衣帽多以貂为之”或“男女衣服皆鹿皮鱼皮为之”。具体而言，在混同江沿岸同江市勤得利以上至松花江下游的赫哲人多穿狍、鹿等兽皮衣服，鱼皮次之，这是因为依山沿江居住的赫哲人既捕鱼又狩猎，所以冬衣兽皮，夏衣鱼皮，衣料的来源与自然环境有本质的联系。在混同江下游乃至乌苏里江流域生活的赫哲人多穿鱼皮衣服，因为在这个地区的沿江两岸，沼泽、湖泊、平原居多，渔业生产占主导地位。所以鱼皮是主要的衣饰原料，这与其居住的自然环境是分不开的。

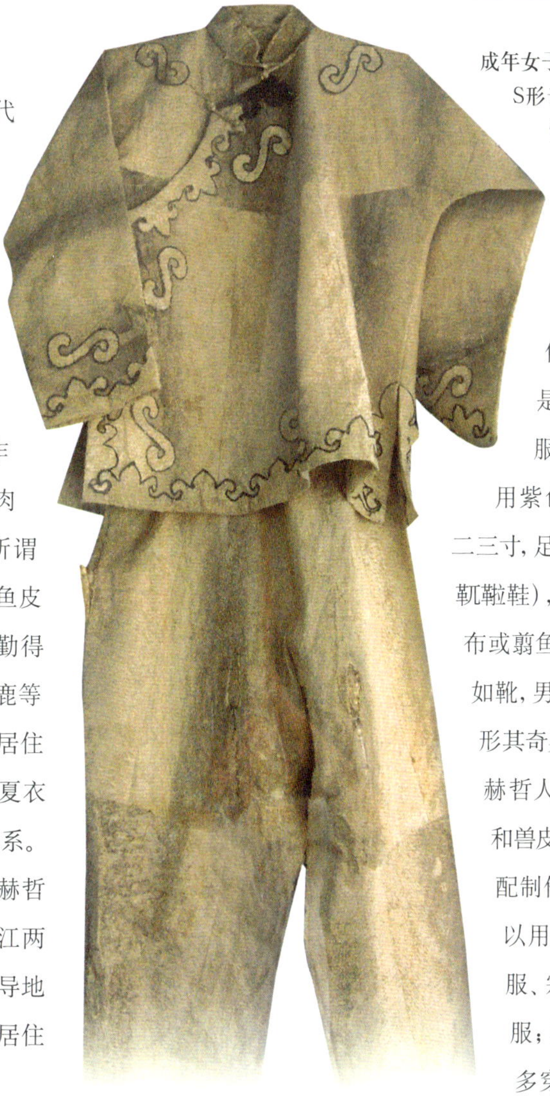

成年女子鱼皮服装，衣襟上的S形云纹是赫哲族经典服饰纹样（图/刘玉亮）

对于赫哲人的服饰佩饰特点，曹廷杰在《西伯利东偏纪要》中是这样描述的：“衣服亦悉如制度，唯喜用紫色袖口，束以花带二三寸，足著鱼兽皮乌喇（即靰鞡鞋），自膝至踝，或翦色布或翦鱼皮为花，下连乌喇如靴，男人亦多戴耳环，稍形其奇异。”按材质划分，赫哲人服饰有鱼皮衣服和兽皮衣服，还有与布搭配制作的混合型皮衣；以用途划分，则有日常服、宗教服、婚服和丧服；以季节划分，夏季多穿鱼皮服，冬季则穿兽皮服；以性别划分，男人多穿兽皮服，女人多穿鱼皮服；以功能分，外出多穿兽皮服，家内则穿鱼皮服。

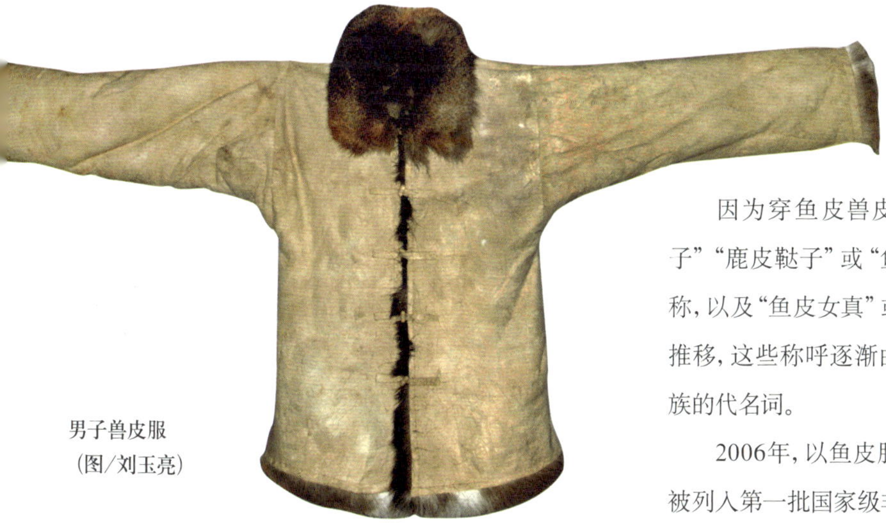

男子兽皮服（图/刘玉亮）

因为穿鱼皮兽皮的缘故，赫哲人有了“狍皮鞑子”“鹿皮鞑子”或“鱼皮鞑子”等带有民族歧视的他称，以及“鱼皮女真”或“鱼皮部”等他称。随着时间的推移，这些称呼逐渐由一个服饰概念演变成了一个民族的代名词。

2006年，以鱼皮服为标志的赫哲族鱼皮制作技艺被列入第一批国家级非物质文化遗产名录。

古朴而多样的兽皮服饰

狍皮上衣和狍子腿皮皮靴（图/刘玉亮）

兽皮也是赫哲人做衣服时必选的服饰面料之一。每当他们猎获一些动物或大型野兽后，就把皮剥下来，经过晾晒、熟制等几个加工程序，由赫哲族妇女裁剪制作成各种款式不一的衣服。

狍皮大哈是赫哲族男子经常穿的一种皮衣，衣服外套多被染成青色，花边则染成青蓝色，衣领镶青色云字边，围脖乃是用狐狸皮或貉子皮做的。因以狍皮为原料，且衣长过膝，故叫狍皮大哈。据讲，狍皮大衣有两种式样，一种是对襟大衣，一种是偏襟大衣。冬季，天气寒冷，他们多穿绒毛长、皮子厚的大衣，以保暖御寒。其他季节则穿用初冬皮、大秋皮和夏季皮制作的短毛大衣。夏季由于天气炎热，他们多穿去毛平板的皮大衣，这种衣服的最大特点是前后开襟，外出行走轻松自如。由于季节性因素，赫哲族妇女还设计制作可以两面穿的皮大衣，即天冷时毛朝里、天热时毛朝外。狍皮大哈起初没有纽扣，有皮带三道，用以代纽扣。后来才用狍皮做纽扣或用小铜扣来替代。

狍皮大哈之外，还有狍头皮帽子、皮手闷子（手套）、兽皮被褥等服饰和用品。赫哲族妇女认为，缝兽皮衣服应使用柔软的狍、鹿筋掺麻线搓成的细绳。由于每种皮子的特性差异较大，所以在缝衣服前，她们一定要选好称心的皮线。与鱼皮线相比，兽皮线的特点是结实又耐用，制线的程序和方法与鱼皮线相似。

鱼皮服——独具特色的民族符号

历史上，欧洲北部的沿海居民、日本的阿依努人等都曾有过穿着鱼皮服饰的历史，但赫哲人是全世界使用鱼皮制衣时间最长的民族。由于经济形态与自然环境相对稳定，赫哲族以鱼皮服饰为代表的鱼皮文化一直延续到20世纪上半叶，而且当代赫哲人还能够系统、真实、完整、创新地传承鱼皮文化。

赫哲人以鱼兽皮为衣，有着深刻的社会文化背景。首先，三江流域生活闭塞，与世隔绝，交通不方便。赫哲族又长期不事桑麻，没有用布做衣服的概念。其次，三江流域冬长夏短、气候寒冷、昼夜温差大，鱼兽皮的防寒性明显优于棉麻。

赫哲族的鱼皮服饰主要有鱼皮衣（赫哲语称“乌提库”）、鱼皮套裤（赫哲语称“卧又克依”）、鱼皮帽（赫哲语称“阔日布恩出”）、鱼皮手套（赫哲语称“卡其玛”）、鱼皮“靰鞡”（赫哲语称“温塌”）等。此外还有绑腿、披肩、围裙、腰带、荷包、口袋等佩饰，具有轻便、保暖、耐磨、防水、抗湿、易染色等特性。尤其是在严冬不硬化，不会蒙上冰。

鱼皮上衣是赫哲族妇女经常穿的一种衣服，也是识别这一民族的标志之一。其式样多为过膝长衣，形如旗袍，具有无领、偏襟、长身、窄腰、肥袖、大摆等特点。其两肩之间有领窝无衣领，穿起来脖子修长，体现了女性的高雅；腰身稍窄，衬托出女性的形体美；下身肥大呈扇形，意在避免过多的线条起伏；衣袖宽松而短小，完全是出于家庭生活的需要。赫哲族

布勒鱼皮靰鞡，鞋底和鞋面用鱼皮制作，鞋勒用棉布制作，是20世纪常见的样式（图/刘玉亮）

用木槌、木铡刀等传统工具鞣制鱼皮（图/黑龙江省民族研究所，刘玉亮修复）

把鞋浸软，脱下后要马上挂起来保存。

“鱼皮服饰是赫哲族物质文明的重要载体和精神文明的外在体现，它包容了极其丰富与宽泛的文化元素……具有艺术和历史的双重魅力。赫哲等穿用鱼皮服的民族没有本民族文字，其历史、文化、艺术都镌刻在鱼皮服饰上。整体鱼皮服饰的构成是赫哲人物质文化遗产与非物质文化遗产完美结合的物化形态，丰富的文化内涵蕴藏其间。”（徐广伟《东北渔猎先民原始图符纹饰在赫哲族中的传承与应用》）

中老年男子的鱼皮衣款式多为立领、斜襟、长袖。

鱼皮套裤，无裤裆和裤腰，只有两个裤筒。式样上男女有别：男子多为斜口，女子多为直口。由于具有抗寒耐磨、防水护膝的功效，赫哲族男子外出捕鱼猎兽时，多穿这种套裤，女子外出或劳动时也把它套在外裤上，既防虫、保暖又防潮。

鱼皮靰鞡是古代赫哲人经常穿的一种鞋，整个靰鞡由鞋身、鞋脸和鞋靿三部分组成。多选用鱼皮较厚的狗鱼、鲇鱼、细鳞鱼、怀头、哲罗等鱼皮制作，形状如同短筒靴子。在寒冷的冬季，穿着垫上搓软的靰鞡草的靰鞡，行走在冰雪路面上，既保暖又不打滑不挂霜。鱼皮靰鞡也有致命的缺点，就是遇热容易烫坏。夏季捕鱼时，赫哲人多穿用鳇鱼皮制作的靰鞡，据说，穿之前一定要先用水

依顺物性、因材施艺的经典造物

一件鱼皮衣的制作，大体上要经历准备鱼皮、缝接鱼皮和装饰美化等几个步骤，这是一个处处体现着赫哲族人民勤劳智慧，对美有着无限向往和执着追求的过程。

剥制加工鱼皮是赫哲族妇女日常生活中的一项主要劳动，具有很强的技术性、特殊性和季节性。所谓季节性，指的是需要在春季熟制好一年所需要的皮张。赫哲族妇女熟稔各种鱼皮的性能，她们知道用不同的鱼皮制作不同的衣裤。譬如选用大马哈、鳇鱼、胖头、草根、鲤鱼等鱼皮做鱼皮袍（乌提库），用怀头、哲罗或狗鱼等鱼皮做套裤等。

鞣制鱼皮的工具，大都选用桦树、柞树凿制而成，有木槌、木槌床、木刀、木齿锯和木铡刀等，造型很独特，体现了这一工艺的特殊性。之所以选用木刀而非金属刀，是因为木刀硬而不锐，不易损及鱼皮，从而有效地保护了鱼皮的完整性。所

黑龙江、松花江和乌苏里江特产——鳇鱼，体形硕大，有“淡水鱼王”之称，能重达几百斤，可以骑上一个淘气的男孩（图/黑龙江省民族研究所，刘玉亮修复）

谓技术性，当然体现在剥鱼皮的过程中，将鱼控干，擦掉黏液，去掉头尾，用钢刀在鱼的脊背两面划开，然后用木刀将鱼的皮肉慢慢剥离，当两面的鱼皮剥至腹部时，用力直接将鱼皮撕下来，一张完整的鱼皮即刻被剥好。其中力度的掌握非常关键，否则在鱼背鳍上留下的洞就会过大。此后再经阴干、去除肉脂及鳞，用木楦床或木铡刀反复揉搓、翻动、抽拉，一张鱼皮才告熟制完成。

将鞣制好的鱼皮按颜色深浅一张张地摆开，根据鳞纹大小筛选出来，再依照其天然的花色(色彩)、背腹间的明暗、鱼皮间的纹路以及整体的纹样对称、鱼皮间的穿插关系进行拼缝，以使成衣体现出野生鱼皮的天然美感和质朴的自然纹理，浑然天成。拼缝鱼皮的鱼线多用胖头鱼或鲢鱼皮搓成，并要反复涂抹新鲜鱼肝，使其柔软性更强。为使鱼线变得五颜六色，赫哲族妇女用从山上采集下来的各种野花、枝条通过水煮或直接染浸等方式，把鱼线染成红、黄、蓝、绿、灰等颜色。一些鱼兽皮衣服上精美的动植物图案就是用这样的彩线缝制的。

为了使鱼皮衣服更加鲜艳，赫哲族妇女还会用一种叫“条绦”的皮条来进行装饰美化，譬如先把鹿皮染成所需的颜色，然后把它剪成鹿形、鱼形或其他图形，有的甚至染成鱼鳞花。其中，若是用鳇鱼皮制作的衣服，就染成金色鱼鳞花；若是用草根鱼皮制作的，则染成草根鱼鳞花。她们用彩线把这些皮条缝在指定位置，由于皮条的铺垫作用和彩线的缝合，使条绦缝合处外凸隆起，十分抢眼。有的则把鱼皮剪成各种云纹、花、草、虫等图案，然后附于衣服的边缘处，再用彩线缝起来。如果将彩线拆开，看到的只不过是各种鱼皮条纹，而用彩线缝好后再看，皮衣则变成了一件精美的艺术品。赫哲族妇女在各种衫、裤、披肩乃至帽子上，普遍使用皮条来加工制作各式衣服。

用鱼鳔胶粘缀鱼皮服上的饰物(图/刘玉亮)

扫描二维码欣赏
鱼皮衣制作

混搭民族风

赫哲族妇女还用鱼兽皮或布混合搭配裁制了多种舒适耐用、美观大方的服饰。人们熟知的狍皮裤子就是这样加工制作的。这是一种“前后都能穿”的便裤，一般春、夏、秋季都可以穿。用狍皮做裤，用薄皮或用棉布做裤腰(有些也用狍皮代替)。此外，还有以布为面、以狍皮做里的帽子，用棉布做里的鱼皮手套等等，不一而足。

做衣服混搭，穿衣服同样讲究混搭。通常的形式有两种：一种是鱼皮或兽皮衣服混合穿，即上身穿狍皮大哈，下身穿鱼皮套裤，脚穿鱼皮靰鞡，使鱼兽皮衣服搭配得大方得体，相得益彰，从而弥补了两种皮质的不足。一种是布衣和鱼兽皮衣混合穿，即外衣穿皮衣，内衣穿布衣，既舒适又保暖。

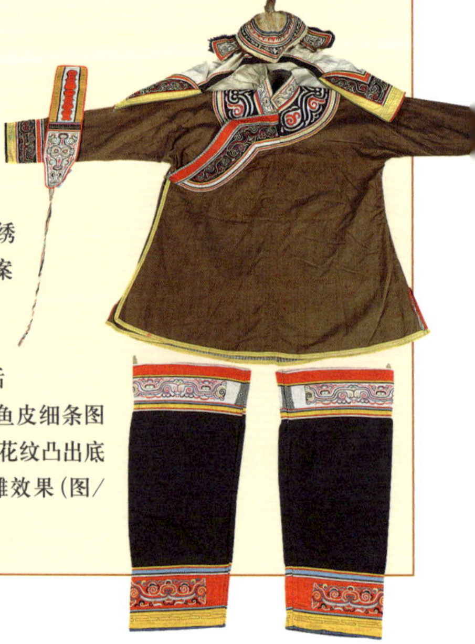

鱼皮包绣猎装，用色布和色线绣制，用鱼皮图案包绣工艺制作，即服饰是用鱼皮制成的，然后用五彩丝线将鱼皮细条图案绣上、盖住，花纹凸出底面，形成浅浮雕效果(图/牛清臣)

穿着鹿皮、狍皮、鱼皮衣的赫哲族少年（图/黑龙江省民族研究所）

为突出衣服的整体美，赫哲族妇女还经常在衣边上并排缝一些海贝壳、铜钱、小玻璃珠、铜铃以及“缨络珠苏绣穗”之类的饰物。鱼皮上衣起初没有纽扣，多用皮带系好，或者把皮带系在腰间来束腰。后来赫哲族妇女逐渐认识到纽扣的作用，便用鲇鱼骨磨制扣饰。鱼骨纽扣既可用来系衣服，又以其特有的色泽、形状作衬托，对鱼皮上衣起到画龙点睛的作用。

《周礼·考工记》曾提出了造物的精良标准：“天有时，地有气，材有美，工有巧。合此四者，然后可以为良。”由是观之，赫哲人在制作鱼皮服饰过程中，有意无意间，与此四者悄然暗合，展现出精巧的工艺与顺乎自然的智慧。

物以致用，以用为美——朴素的审美历程

鱼皮服饰是穿在身上的神话，更是赫哲人传承下来的一种独具特色的艺术品，一门生活的艺术。赫哲族妇女对不同鱼皮特性的了解，使鱼皮服呈现出独特的纹理与质感，表现出粗犷而不失细腻的材质之美；而无论是剥制鱼皮，还是巧用不同鱼类鱼皮的天然纹理与质地效果以及鱼皮间的色彩(花色)差异、脊腹明暗变化等特性，进行的合理拼接处理与因材设料，又展现了鱼皮服制作过程中的工艺之美。赫哲人对于美的朴素的感悟与表达，最初就是这样不经意地表现出来的。

我们之所以说赫哲族在鱼皮服上存在一种朴素的美的表达，是因为鱼皮服饰诞生之初本是以“实用致暖”和方便渔猎生产为目的的，“物以致用”“以用为美”是赫哲族造物审美的内在逻辑和动因。“但随着人类社会的发展以及人类社会实践的频繁增多，赫哲人开始逐渐地将身边熟悉的常伴随左右的自然界事物，经过朴实的意趣表达，使鱼皮服饰纹饰方面具有了活生生的情感内容。”（孔德明《从赫哲族鱼皮服饰探寻三江平原的造物文化》）在此过程中，装饰与审美因素一直以一种若隐若现的方式得到体现。

赫哲族鱼皮服饰在纹饰表达方面有着与原始装饰艺术的相似性与相通性，其图案美观大方、雅致精细、生动逼真，极具地域民族特色。它们大都以古朴、素雅、大方为特征，极少有大红大绿，色彩多以黑、灰、淡蓝、黄、白为主，接近北方的自然景致色彩。以服饰图案运用为例，赫哲族在服饰上应用最广泛的纹样造型是云纹，因为云纹在赫哲人心中有荣华富贵和吉祥福禄的寓意，所以，他们把三江平原上飘浮的云朵镶滚在鱼

用木砧及木槌鞣制好的鱼皮（图/刘玉亮）

木砧和木槌是赫哲人早年鞣制鱼皮的专用工具，将整片鱼皮略卷一下放入木砧的槽中，用木槌反复捶打，至鱼皮柔软为止（图/牛清臣）

云纹，是赫哲族服饰上运用最广泛的造型（图/冷菊贞）

皮衣的领口、衣襟、袖口和鱼皮裤的裤脚边。浪花纹和鱼形纹多用于服装、鞋帽、手套等物品上，这与赫哲族对江河的崇尚有关。赫哲族早年的衣、食、住、行均离不开江河，对江河情有独钟，因此，用图案来表示其民族世代繁衍生息的环境，表达对大江大河的感恩与敬畏。此外，鹿纹、回形纹、几何纹、蝴蝶纹、花草纹、鱼鳞纹、鱼纹等图案也广泛使用，这些图案受自然景物的影响尤为明显，反映出对大自然的崇尚心理和审美情趣。

动物图案是赫哲族鱼皮服纹饰的重要内容，“他们按照自然界的规律和他们对自然的理解而布置天上飞的禽鸟，水中的鱼，地上的野猪、黑熊、麋鹿、马匹等动物，充满了民族的生活气息与习俗。纹样多出现三角纹、圆形纹、鸟形纹、人形纹、鱼形纹、动物纹、星纹、曲线纹、螺旋纹等，都是对蛇、鸟、兽、鱼等动物图案的抽象几何化，含有对动物图腾崇拜的深层含义”（满懿《赫哲族鱼皮服饰特色研究》）。这是“对天地自然物象的拟形，是内心审美情致的记录”，更是本民族萨满教信仰的反映。

中国现代工艺美术的先驱陈之佛先生认为：“图案的成立，包含着‘实用’和‘美’两个要素，这两者的融合统一——实用性和艺术性的协调，绝不是一种无谓的游戏，也不是一种表面装饰，而是生产样式不可分离的生活艺术。”“从鱼皮服饰图案的表达内容看，它是不脱离生活与生产实践的，同时也观照着赫哲人内心的情感世界。通过多样的艺术表现形式，可谓在平凡与质朴中兼顾了‘实用’与‘美’的统一。鱼皮服饰在满足基本的生产与生活穿戴功能外，也附带审美意味、宗教信仰与图腾崇拜等相关的精神领域内容。因此，赫哲族鱼皮服饰的意义并不全在于材料、材质的特殊以及近乎完美的物质功用。通过鱼皮服饰的图案纹样所表达出的内在精神层面内容更是弥足珍贵。因为这是赫哲人从‘穿着’到‘审美’，从‘物质使用’到‘精神观照’的整体活动过程。”（孔德明、刘淑玲《文化生态视野中的赫哲族渔猎造物艺术研究》）

桦皮圆盒

鱼皮、兽皮之外，以桦树皮或椴树皮为原料加工制作的木制品也广泛存在于赫哲族生产生活、文化娱乐、军事交通乃至宗教祭祀等诸多领域，大到桦皮船，小到桦皮碗、桦皮杯、桦皮帽、桦皮盒甚至火炮引线，可谓应有尽有。

桦皮圆盒是赫哲人用来盛装物品的重要器具之一，呈圆柱形。一般通高17厘米，直径在21厘米左右。具体制作方法是：先用桦皮卷成一圆柱形，连接处用麻线缝合，桶的两口分别用2厘米宽的桦皮贴边，使桦皮盒结实耐用。与其他桦皮制品稍有不同的是，桦皮圆盒多以木板为底，以桦皮为盖。为方便开启和提携，多在盒盖上拴系一皮条，或者在盒的左右拴系一根长皮条，盒的四周和盖面均绘有美观大方的个性花纹。

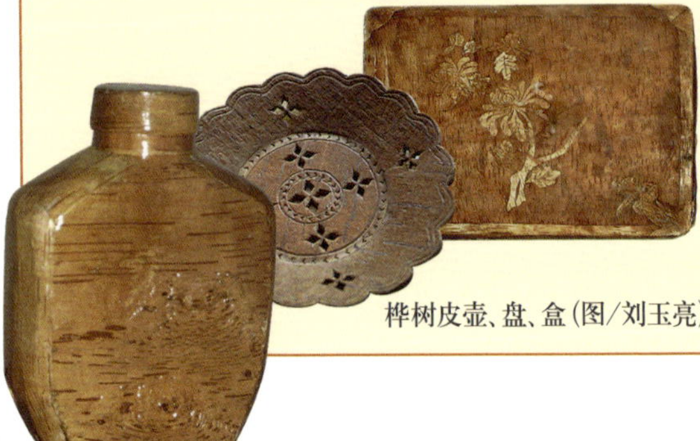

桦树皮壶、盘、盒（图/刘玉亮）

异常发达的赫哲族动物图案造型

文/孙运来

动物图案主要见于服装、器皿、家具、住宅的若干部位，种类相当繁多。

赫哲族妇女风格各异的工艺水平，使这些动物图形显示出独特性。马鹿、麝和狍子的刻画最为成功。赫哲族的女性们使这些图形具备了各类不同的风格，并且使每一种动物都能够显示出它所具有的特点。

马鹿、狍和麝的剪影都非常简单，外形简洁概括，向后扭转的头使狍和麝显得特别敏捷。

除了现实主义图案外，我们还可以看到在风格上故意有所模拟的动物图案，这些图形还保留了富于特点的扭转的头和弓曲的躯体，但细部（腿和尾巴）已经演变为装饰用的涡纹，而外轮廓线则被赋予绒毛特点。有些动物的躯体显得内部很丰满。这是采用轮廓方法制作图案的残迹，它可以使人联想起西伯利亚的古代岩画。

在大多数场合，鹿图形都不讲究对称，而且时常在风格上故意有所模拟。它们的蹄子大大地分开，呈半月形或叶状。鹿角演变为涡形，圆圆的眼睛外面还套着一个圆圈。在许多情况下，鹿都没有尾巴，或者尾巴类似一长绺的马尾。模拟化动物的角和腿演变成曲线形枝丫。

极为有趣的是鹰图案。它们差不多总是表现为正面图，两翼张得很宽。还可以见到头向后转和鸟喙描画准确的鹰图案。在黑龙江各族的艺术中，鹰图案制作得很成功。看来，这种猛禽的图案早已进入赫哲人的艺术领域。

有的鹰图形是用亮色丝线——黄的、绿的、玫瑰色的、淡蓝色的、蓝色的、紫色的绣成的。从艺术的角度看，特别有意义。富于特点的鹰头、鹰翅膀和鹰体上平稳的曲线、强有力的飞羽和坚固的带有利爪的鹰腿，所有这些都和谐地融合为一个复杂的装饰整体。

一幅在装饰方面颇为有趣的鹰的图案，采用贴花方法制成，嵌在妇女的结婚礼服上。张开的两翼和鹰尾演化为螺旋形并在风格上故意有所模拟。第二个翅膀与鸟的侧影图案连接，这在黑龙江流域艺术中是少有的现象。图形中，各个部分都得到平衡并且造型统一。双头飞鹰与鄂温克人的类似图案相近似。它有松散尾巴，稍微缩短的脖颈，但没有腿。

鱼形躯体的鸟很有趣。鱼头摆在尾部，鸟嘴里叼着一只软体虫或者是模拟化的鱼。从身形上看，鸟很像一只鸭。

野鸭的嘴里一般叼着一条鱼，在风格上也稍微有所模拟。野鸭剪影简单逼真，刻画得非常成功。用细线条在皮块上压印出来的野鸭更具有表现力，线条一笔画成，没有复笔和修改。

不同造型的鹿纹（供图/都永浩）

与上述所有鸟图案截然不同的是猫头鹰。它有一个硕大的圆脑袋，眼睛很大，鹰嘴下垂。一个翅膀朝上张开，两腿略微分开。

飞雁在风格上故意有所模拟，特别是翅膀和两腿，但体部的线条、脖颈的弯曲度和富于特点的头部仍然保持着现实主义特点。

在使鸟图案模拟化的同时，赫哲族女性们也使这些鸟图案保留了能够使它们彼此区别开来的一些特点。这说明，艺术还没有失去其现实性，受到图案装饰风格排挤的现实主义传统仍然具有活力。而图案装饰风格则具有不同的使命。在完成这种使命的同时，赫哲族女性部分地改变了现实主义的图案，使它们融汇于各种螺旋体的复杂花边之中，并且染上各种与鸟的自然色调完全不相吻合的艳色颜料。

在多数情况下，鱼图案都被模拟化了，判断它们的属性并不是件容易的事。这些鱼的鳞片很大，有时构成一排鳞片，尾巴演变为涡形和螺旋形，眼睛很大。另一些鱼只有更简单的轮廓。鱼图案形成了一幅幅简单的构图，这些构图分别由两幅或四幅（有时是头部，有时是尾部）彼此相对的图案组成。

龙图案也广为流行。它们的躯体布满了很大的鳞片或者是被分成彩色长方形，龙体的形状有时是波浪带形，有时是简单的或S状的螺旋形。龙头转成侧面或者表现为正面，既可以看到带角的龙，也可以看到无角的龙，还可以看到有腿的和无腿的龙。有的图案是一条无腿的鸟形龙，它有一个蛇身和两个脑袋——一端是鸟头，另一端是龙头。这个图案压印在一个桦皮盒的盒盖上。在木偶的附属品上也可以见到被模拟化的龙图案。

在赫哲人的装饰图案中，我们所探讨的鹿、鸟、鱼和龙的图案较之其他图案更为常见。在一些场合，它们都具有单独的意义并且周围没有装饰图案，而在另一些情况下，这些图案则被编入螺旋形和条带形的复杂体系中，而这在赫哲族的装饰艺术中又是非常丰富的。

在研究赫哲族动物图案艺术时，下述情况值得注意：木偶用的小垫毯上装饰最多的是动物图形。而除了长袍，特别是结婚礼服外，在其他一些日用品上，动物图案都极为少见，常常只有一个或一对，而且包括在几何形装饰图案系统中，并在相当程度上被这种图案遮住了。在日常生活中使用的、装饰了许多图案、用彩色织品拼成的垫毯上，照样没有动物图案。

谈到动物图案，不能不提一下压印在一块从旧盒子上碰掉下来的桦树皮上的唯一的一个熊图案。在妇女们制作的日用品上见不到熊图形，因此，这个熊图形就具有特殊意义。遗憾的是，这个动物图案没有完整地保留下来，只有头部和两条前腿完整无缺。不过，即使这块断片也足以使人确信这幅图画的艺术成就。和大多数其他动物一样，熊也被描画成侧面图，在处理方法上具有

①

②

③

④

经过抽象、变形和一定程度夸张的鸟纹(①②)和龙纹(③④)(供图/都永浩)

一对喜气洋洋的赫哲族新人，新娘所穿的传统婚礼长袍花纹和动物图案繁多（图/冷菊贞）

现实主义特点。尖削的嘴脸和带利爪的厚掌非常富于特点。

女式结婚长袍上装饰着相当繁多的花纹和动物图案。这些图案排列在服装的前后两面，占满服装的各个部分。按照赫哲人从前的概念，长袍应当保护新娘不受恶魔的侵袭。起这种作用的主要是绣在长袍上的那些花纹和图案。赫哲人认为，在花纹和图案中，起主要作用的是覆盖在服装后背上部的大鳞片状花纹。这些花纹好像构成了从后面遮护着新娘的铠甲。在有些长袍上我们可以看到，代替鳞片的是按一定顺序排列的浅色和深色方块图形。鳞片的形状未必是赫哲人抽象地想象出来的，也不属于某种动物。极有可能，它们表示龙的鳞片，因为黑龙江各民族也和他们的邻族——满人和汉人一样，都认为龙是对人友善并具有驱逐敌对恶魔能力的有生命的物体。

在女式结婚长袍的背部，常常绣着体积很大，涂着各种颜色并被模拟化的成对的龙图案。龙是人的庇护者的概念，使赫哲人在有人感觉背部疼痛时用皮革剪出成对的龙，将它们头对头缝在病人穿的长袍背部，很像女式结婚长袍上的类似图案。

在装饰这些物品的曲线图案的华丽涡形当中，到处散布着一些鸟、青蛙和像鹿的动物小图形。但这些小图形在上述服装上并不常见。

才思在鱼皮鱼骨上纵横

鱼皮可以制作成画，这是赫哲人特有的手艺。当鱼皮衣服等渐次走入历史后，他们继续发挥本地鱼皮资源丰富的优势，大胆吸收并学习借鉴汉族图案艺术的精华，以鲤鱼或大马哈鱼皮为“画纸”，独具匠心地采取粘贴或镂刻等艺术加工形式，绘制凸显渔猎文化特色、体现时代特征、赞美新生活的手工艺品，使之成为中华民族图案艺术宝库中的一朵奇葩。

要把鱼皮加工制作成一件精美的艺术品，先要经历剥皮、去鳞、除腥、晾晒、捶制、漂色等数道工序对鱼皮进行精细化加工，然后，再经过用硬纸板制模、拓印在鱼皮上、裁剪、粘贴、着色装裱等工序，一件设计精巧的鱼皮粘贴画才告完成。与粘贴画相比，加工镂刻画难度相对较大，它被某些人称为“无纸剪纸”。具体步骤是：

挑选适合创造鱼皮画的鱼皮（图/刘玉亮）

先挑选比较大的鱼皮，然后采取阴刻或阳刻的方式进行精细加工，在鱼皮反面临摹勾画后，再比对裁剪。考虑到鱼皮质地既硬又厚，很不适宜剪刻过于复杂的图形，因而每次只能剪裁一两张。总的来说，镂刻注重于剪或刻，而粘贴侧重于剪或粘。赫哲族现有的鱼皮画加工技艺，显然是在传统的鱼兽皮加工技艺的基础上创新发展的，通过艺术的加工和再创造，使鱼皮画逐渐成为集观赏、收藏为一体的精美艺术品，二者之间无疑具有一脉

以鱼皮服饰为题材的鱼皮画（图/刘玉亮）

鱼皮画《童趣》(图/刘玉亮)

鱼中极品鳇鱼的头和筋是制作鱼骨画和筋线的上好材料（图/刘玉亮）

形神兼备、惟妙惟肖的鱼骨画（图/刘玉亮）

相承的文化属性。吕品于1982年发现的11件年代较远的镂刻图画，当是迄今为止发现的赫哲族最早的镂刻艺术品，其中有部分为鱼皮镂刻画。

鱼皮画涉及动物、人物、山水、信仰等多个表现主题，具有“图案天然、画面和谐、色彩斑斓、华贵大方”等外在表征，给人以“天人合一、古朴粗犷、动感十足、立体感强”的印象。北京奥运会前，赫哲族艺人还用传统的鱼皮画工艺制作福娃，具有极强的时代感和艺术感染力。

鱼皮之外，吃剩的鱼骨经赫哲族艺人的妙手，也能成为一幅幅精美的鱼骨画。早年赫哲族曾有给孩子佩戴鱼骨饰品以辟邪的生活习惯，这是鱼骨工艺产生的最初动因。鱼骨画，以天然鱼骨为材质，根据鱼骨的形状和颜色进行精细设计，然后按照谋划好的图案进行技术加工，最后经粘贴制作而成。按照表现形式的不同，鱼骨画可分为平面浮雕鱼骨画和圆雕鱼骨画两种。平面浮雕以平面为创作背景，以写实为创作主旨，通过简单修剪或构图制作，最终做成形神兼备的鱼骨画。圆雕鱼骨画类似于常见的根雕作品，它以天然鱼骨的固有形态为基础，依形入画，依意组合，通过简单的艺术加工和组合粘连，形成造型独特、意境颇深的艺术精品。

制作鱼骨画的鱼骨要经过挑选、清理、加热、晾干以及漂白等数道前期工序，以使外表变得洁净剔透并保持自然纹理。加工制作平面浮雕鱼骨画，大体经历底稿的创作、背板制作、挑选鱼骨、修剪、粘贴、裱框等诸多工序，创作者要有丰富的想象力，充分利用鱼骨本身的形状特点，进行创造性的构图，以达到栩栩如生的艺术效果。圆雕鱼骨画则多以形寓意，全面展示鱼骨的天然神韵，以达到“画随骨形作，骨现画中意”的最高境界。鱼骨画的题材十分广泛，既可以表现花卉、动物、人物、风景等自然或社会主题，也可以表现抽象的艺术图形和图案，构图简明、错落有致、立体感强，具有很强的艺术感染力和极高的观赏价值。

自20世纪80年代起，赫哲族艺人孙有财以天然珍贵鱼种的整根或部分骨架为基础，加工制作成各种鱼骨画，诸如形状各异的兵器、各种小动物以及取材于历史传说中的“阔力”“神斧”“莫昆达出世”等形象。1994年，孙有财的鱼骨画获“中国民间艺术一绝大展”银奖。次年，被国家文化部认定为“中华一绝”。

描“文”绘“凤”裁鱼皮
——记鱼皮制作技艺传承人尤文凤

文/青鸟

尤文凤制作的萨满服，工艺、纹样都原汁原味地传承了古老技艺（图/尤文民）

赫哲族是一个古老的民族，是世界上制作鱼皮服饰历史最长、工艺最发达的民族，如果从源头肃慎算起，赫哲族的鱼皮服饰已经存在了2000余年。

历史上，赫哲人经常穿戴的鱼皮服饰有鱼皮上衣、鱼皮套裤、鱼皮绑腿、鱼皮靰、鱼皮衣帽、鱼皮手套及鱼皮靰鞡等，就连他们晚上睡觉用的被褥，有的也是用鱼皮来缝制的。鱼皮衣物做工精细，穿着舒适，样式别致。有纯粹用鱼皮制作的，也有用鱼兽皮或布混合搭配裁制加工的。在这方面，赫哲族妇女多年来积累了丰富的裁剪经验。

在设计制作赫哲族男子服装时，赫哲族妇女主要考虑到他们捕鱼猎兽的需要，将服装式样设计得简洁、大方、实用，衣襟、袖口、托领、下摆和裤脚上，多镶以各种云纹及其他图案，端庄素雅、古朴美观。赫哲族女孩的服饰，则显得清新明快、色彩斑斓。在衣服的显眼位置，赫哲族妇女多用鱼兽皮条纹作铺垫，将其附在衣服上，然后用五颜六色的彩线缝严实，令它凸显出来。鹿、鸡等野兽和家禽图案，浮云、水纹等自然图案，花朵、莲藕等植物图案以及三角形、方形等几何图案和海贝、铜钱等饰物是女服上常见的装饰，女孩穿上这样的服装，自然体现出绚丽多姿的青春美。在儿童服装上，常用绣纹蝴蝶、雄鸡衔花等艳丽图案，既富有童趣，又与孩子的认知能力相接近。

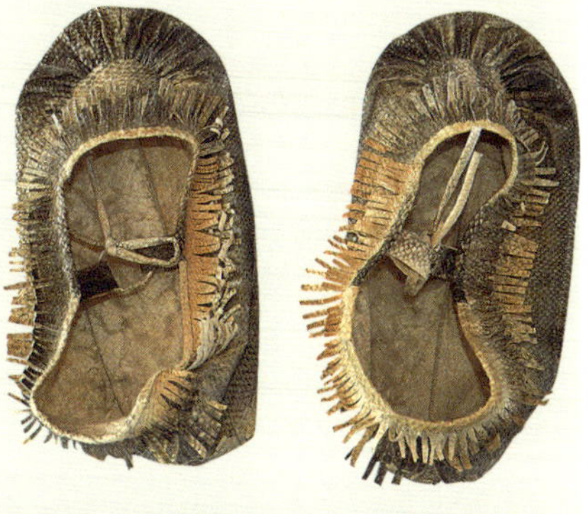

鱼皮靰鞡鞋（图/尤文民）

同许多古老的手工技艺一样，如此独具特色的鱼皮服饰技艺，目前已经濒于失传，只有10多位传承人保留着活态的鱼皮制作文化。其中，尤文凤就是最杰出的一位传承人。她曾经就职于同江街津口伊玛堪艺术团，会演唱原生态民族歌曲，曾专门赴北京参加过中央电视台的“中国民族民间歌舞盛典”演出。她还是为数不多的会说赫哲语的人之一。

身着鱼皮衣的非遗传承人尤文凤(图/尤文民)

尤文凤已经六旬开外了，缝制鱼皮服时要戴上老花镜，这门古老技艺期待更年轻的传承人(图/尤文民)

尤文凤1952年生于同江街津口乡，姊妹8个，靠父亲夏天捕鱼、冬天打猎为生。虽然他们住着草木搭的马架子，但吃喝不愁。“在江边洗衣服，站在水里鱼直咬腿，”尤文凤美滋滋地回忆着，“那时，江里什么鱼都有，笸子大的鲫鱼我们都吃腻了。”尤文凤的母亲叫尤翠玉，是赫哲族聚居地唯一会制作鱼皮衣的人。“我妈小时候穿过鱼皮衣服，她做鱼皮衣服的手艺是跟我奶奶学的。在奶奶之前，做鱼皮衣服是赫哲族男人的专利，传男不传女。”尤文凤如此叙说着这门古老技艺在她家的传承。

其实早在几十年前就没人穿鱼皮服了，制作鱼皮衣的手艺也近乎失传。因为母亲会这门手艺，条件得天独厚的尤文凤从15岁起就跟母亲学。她先学会了制作简单的皮衣、皮裤。后来学会了制作复杂的手工制品，如翁得、狍皮大哈、孩童帽子、鱼皮包等等。“做一套鱼皮衣服，可不容易啦！”她摇着头，“熟皮子20多天，拼接裁缝20多天，全算上得50多天才完成。”因为制作不易且已无人穿戴，早先，尤文凤学习这门技艺的热情并不特别高。直到20世纪70年代末的某一天，有外地人到尤文凤所在的赫哲族小屯子里花5000块钱买一套鱼皮衣服。这让尤文凤意识到了这门古老技艺潜在的价值，从此，她捡起了家传的老本行，一有空就坐炕头上缝鱼皮。

尤文凤制作的鱼皮衣，完全承袭赫哲族古老技艺，具有防水、抗湿、轻便、耐磨等诸多特性。如今，她还可制作很多工艺品及有特殊要求的鱼皮、狍皮、貂皮制品。2007年，她创作的鱼皮画《幸福一生》获佳木斯民间美术大赛二等奖。

2000年，尤文凤开始将自己设计的鱼皮服饰作为演出服搬上舞台，她精湛的鱼皮制作工艺得到各界好评，代表作品多次参与展览、文化交流，并在比赛中屡屡获奖，部分鱼皮服饰作品被个人或团体收藏。

2007年5月，尤文凤被推荐为第一批国家级非物质文化遗产——赫哲族鱼皮制作技艺项目的代表性传承人，这是同江市第一位获此殊荣的传承人。目前，尤文凤正着力于开展传承活动，已教授学员尤俊丽、尤秀梅等10余人，儿子、媳妇，甚至连8岁的孙女也跟她学会了缝鱼皮。可是，整个赫哲族仅仅只有这些人会做鱼皮衣服，这门古老技艺依旧处于危险的境地。说起鱼皮服饰技艺的现在和将来，尤文凤的脸上既洋溢着自豪，也带着无奈。

伊玛堪——赫哲族的世界级非物质文化遗产

北部亚洲原始语言艺术的活化石

口传文学：民族历史和文化的记忆

文学是透视人类心灵的一面镜子，也是折射一个民族文化价值取向的平台，对有语言、无文字的赫哲族来说，口传文学既是历史记忆，又是审美和价值观的体现形式，有着独特的魅力和精神内涵。赫哲族的民间口头文学十分发达，他们在渔猎生产、社会生活以及宗教祭祀等诸多领域，口头创作了许多立意深刻、主题鲜明、语言淳朴、通俗易懂的文学作品。按照现有的分类，主要有“伊玛堪”“特仑固”“说胡力”“嫁令阔”以及谚语、谜语等种类。

伊玛堪在赫哲族地区流传最广，最受欢迎。由于历史悠久，它被誉为“北部亚洲原始语言艺术的活化石”。当年凌纯声总共搜集到了14篇伊玛堪故事，从20世纪50年代起，经过专家学者和赫哲族艺人的共同努力以及抢救式发掘，又采录了9篇伊玛堪故事，其中有7篇目前已正式发表。据调查，赫哲族民间保存的伊玛堪作品有40余部，已采录的有《西尔达鲁莫日根》等。

特仑固以赫哲地区广为流传的传说故事为主线，真实地反映了赫哲族的自然观、历史观、道德观和社

在林子里听上一段伊玛堪，曾是赫哲人渔猎生活之余最好的文化享受（图/黑龙江省民族研究所，刘玉亮修复）

会观，体现了人与自然水乳交融的密切关系。与伊玛堪故事相比，特仑固具有如下特点：一是创作题材广泛，创作内容丰富，篇幅不是很长。二是在表演上以讲述为主。三是听众没有性别或年龄限制，男女老幼都可以参加，大家无拘无束地围在一起，静听长者的讲述。四是场合不固定，可以在网滩猎场，也可以在村屯边或炕头。五是时间无具体要求，既可以在劳动之余的白天，也可以在茶余饭后的夜晚。六是具有说教启迪色彩，一些与捕鱼猎兽有关的知识、公共道德知识及其他行为规范等等，会被包含在故事里，对听者具有教育启迪意义。特仑固以传说故事为主，内容包括族源和民族历史、动物和渔猎生活、地方风物、风俗习惯和萨满信仰等4个部分，讲者多借用神灵托梦、引证历史或由第一人称及亲身经历的口气来表述，把有些事件说得“有根有据、有名有姓”，使听众进一步拉近了与故事的距离。

赫哲族说胡力也是以故事为主，主要有渔猎故事、英雄故事、生活故事、动物故事、萨满故事、爱情故事以及滑稽故事，等等。与特仑固相比，它具有如下特点：一是数量众多、短小精悍、通俗易懂，讲一个故事也就“一袋烟工夫”。二是内容随意性较大，可以运用虚构、夸张和比喻的手法，进行“有鼻子、有眼睛”的“编造”，有时同一个故事可以有多个版本，通过添油加醋、故弄玄虚，让大家乐一下、笑一下。三是宣扬正义，许多故事主题突出，爱憎分明，他们在使用各种形象生动、有血有肉、滑稽幽默以及妙趣横生的语言进行讲述的同时，按照自己对正义和邪恶的理解，把人分为富人与穷人两种。其中，穷人多被列为正面人物，富人则被列入反面人物，以此作为逻辑起点宣传真善美，鞭挞假恶丑。四是意境深远，回味无穷。特别是一些动物故事，浅显易懂的内容里含有深刻哲理，特别适合启迪儿童心智。

赫哲族民间画家尤永贵所画的风俗画，赫哲人开江打鱼时倾听伊玛堪小段（图/黑龙江省民协，刘玉亮修复）

嫁令阔以民歌为主。与特仑固和说胡力相比，嫁令阔具有如下特点：一是曲调单一、旋律和节奏变化不大，且经常伴有“百本出”“匡棍当”以及“赫呢哪”等衬词。二是许多民歌词曲为个人即兴创作，不像现代人那样有专人作词作曲，因而熟悉某一首民歌的人不多。三是有的歌曲尤其是萨满在跳神看病过程中所演唱的《请神歌》《送神歌》等，有固定的句数、调式和节奏，需要在特定时间和场合演唱；有的如祝酒类、祝愿类等抒情歌曲则自由创作，随意性较大，而且没有时间或场合限制，有时现编现唱，有时见景生情。四是从性别上区分，有男歌和女歌。五是从民歌类别上，可以把它划分为7种民歌，即劳动歌、萨满歌、风俗礼仪歌、情歌、摇篮歌、古歌、悲喜歌等。赫哲人的悲欢离合、喜怒哀乐尽在这些歌中。

英雄史诗和神灵的颂歌

伊玛堪，是以颂赞原始部落间征服与反征服中的英雄业绩为主要内容的一种有讲有唱、以唱为主的传统民间口头文学形式。学术界对伊玛堪的语义或语源仍有不同的理解：有的认为伊玛堪是源自“伊玛哈”（鱼）的图腾崇拜，是反映赫哲族这个捕鱼民族的歌；还有的认为伊玛堪可能源自萨满文化，与赫哲语“伊尔木汗”（阎王

桦树皮画所表现的水上说唱伊玛堪(图/冷菊贞)

爷)有关。

我们关于伊玛堪的最初印象来自凌纯声所著的《松花江下游的赫哲族》一书,他描述伊玛堪:“像汉人的北方大鼓,南方苏滩……他们的说法和汉人的唱大鼓书一样,说了一段,唱一段,而后再说。男子唱的歌大都是故事中的一段,从说书人那里学来的。”他进而补充说:“所讲的故事很长,一个故事常分作好几天讲……都是空口唱的,无乐器伴奏。他们的故事不是人人能讲,讲得最多的一个人亦只有五六个故事。”

伊玛堪篇幅巨大,现已采录下来的每部都在几万字至十几万字之间。故事情节多以古代氏族社会为背景,讲述氏族之间的血亲复仇、部落战争、民族兴衰、维护民族尊严和疆域完整的英雄故事。此外,也有一些降妖伏魔、追求自由、歌唱爱情以及与萨满求神、渔猎生活等相关的故事,故事主题以歌颂勇敢、善良和正义为主。

已知的多部伊玛堪故事,几乎都是充满战争色彩的悲壮史诗。每部史诗,都真实地反映了该民族在由原始社会向阶级社会过渡过程中,诸氏族部落间的征战史。诸如一方掠夺一方,一方兼并一方,小部落变成大部落,几个部落结成部落联盟,等等。作为战争的主帅“莫日根”(英雄),自然成了勇敢者的化身、人们崇拜的偶像和学习的榜样。另外,伊玛堪故事还给赫哲族留下了许多与渔猎生产和日常生活密切相关的知识,留下了饱含浓郁民族特色、古老淳朴的民俗知识。

按照赫哲人的习惯,说唱伊玛堪多在晚间进行。由于故事情节较长,有时一部伊玛堪要连续讲唱几天几夜。说唱地点多在宿营地或在网滩前。渔猎归来的赫哲族男子会燃起一堆篝火,围在一旁听老艺人说唱一段;留在家里的妇女、儿童以及老人吃完晚饭后,也愿意听唱一段伊玛堪来消磨时间;当家中有贵客光临、红白事以及逢年过节时,也要请老艺人讲唱一段。可以说,伊玛堪已经深入到赫哲族生产、生活的各个方面,人们一刻也离不开它。有的赫哲人为了能够听自己喜爱的艺人说唱伊玛堪,或者要听唱一部完整的伊玛堪故事,不惜走上很远的路。

莫日根(英雄)与阔力(鹰)

赫哲人多把英雄崇拜作为激励自我的精神动力,莫日根便是他们心目中诸类英雄中的代表,伊玛堪有诸如《香叟莫日根》《西尔达鲁莫日根》以及《马尔托莫日根》等多部作品。这些作品有一个共同的故事情节,就是莫日根们从小受尽苦难,长大后外出征战,克服重重困难,最终打败了仇敌或降伏了妖魔,为死去的双亲或族人报了仇、雪了恨。讲述者通常还会设计比武求婚等片段,运用求婚、完婚等喜庆场面来体现莫日根有情有义的一面。许多莫日根都有几个神通广大的妻子,这些妻子随时可以变成阔力(鹰)。当丈夫处在危难时刻,她们神奇地及时出现,使莫日根转危为安。没有阔力,也就没有莫日根的英雄业绩。

无伴奏讲唱动人心

过去，赫哲人自己并没有对口头文学细致的分类称谓，只是与说胡力（即民间故事）和特仑固（即具有一定历史真实性的民间传说）相对，把那些长篇讲唱古代英雄故事的口头文学形式，习惯地统称作伊玛堪。它的讲唱人，被尊称为“伊玛卡乞玛发”，或一般地称为“伊玛堪奈”，即“讲唱伊玛堪的人”。

讲唱伊玛堪故事都从散文体说白入手，先交代故事发生的时间、地点和人物。开头时，歌手先拉长声说个“阿唧——”这是一个引出故事的惯用套语，相当于汉语讲故事习用的“话说”“却说”“且说”之类。

由说白转入起唱以前，都要把最后那句话末尾的字音，拉长几个拍节，如同“叫板”那样，随后，便徒口唱起“赫力勒调”。

什么时候讲或唱，大体也有一定的规律。一般地说，主要的对话都要唱。主要人物的思想感情发生转折、变化时，也都以唱来表达。如主人公遇难、作战求救、苦诉衷肠、欢庆胜利等，即需要用歌唱形式来表达。一句话，凡是喜怒悲欢、最动感情的地方，都要起唱。使用的腔调，依歌手的演唱修养不同，也各有变化。一般的都应男有男腔，女有女调，还有老翁调、少年调，得胜有高兴调，败阵有悲伤调，绝望有凄苦调，随时随地有所变化。

讲述部分，有时只起简要的搭桥、过渡或者交代情节的作用。以《满斗莫日根》来说，78个大小唱段，约占全部作品篇幅的三分之二强。据调查，早年流传的伊玛堪，在演唱中更是唱多于说。著名的歌手，都是以唱见长；而人们欣赏伊玛堪艺术，除了爱听曲折的故事内容以外，也把很大的注意力集中在唱词中富有诗意的形容、描写和曲调的变化上。好的唱段，语言连贯、生动，讲究押头韵，因此十分悦耳动听。由于伊玛堪演唱不假任何乐器伴奏，甚至除轻微的手势以外，也绝少表演动作，所以在口语艺术和徒口吟唱上，便产生了特殊的要求。只有用加工、提炼后具有诗的素质的艺术语言，并以节奏鲜明的声乐艺术的渲染，才能使缺乏伴奏的讲唱更加引人入胜。

伊玛堪演唱家葛德胜

讲唱伊玛堪的老艺人——葛德胜（图/冷菊贞）

1911年10月10日出生于松花江畔富锦县下吉里屯的葛德胜，与家人以捕鱼狩猎为生。后全家移居到乌苏里江畔的饶河县四排赫哲民族乡。

葛德胜待人谦和善良，对他人充满信任，他出门时从不锁门，用一根木棍顶住门了事。

葛德胜的家庭是一个歌手世家，受家庭环境的熏陶，青少年时他就学会了许多完整的伊玛堪作品，并先后同许多著名的伊玛堪歌手有过交往，学习演唱技艺。

1980年9月，当抢救伊玛堪小组登门造访时，年近古稀的葛德胜老人重新展现出他在伊玛堪演唱方面的杰出才华，抢救小组及后来的研究者先后从他那里采录到了《香叟莫日根》《满斗莫日根》《阿格弟莫日根》《木都里莫日根》《西尔达鲁莫日根》等5部完整的作品。

葛德胜的演唱，风格朴实，语言丰富，叙述绵密，环环紧扣，结构精巧，情节曲折动人，听者无不痴迷。他说唱的伊玛堪细节生动、叙事完美，巧用夸张和比喻，反映出古代赫哲族人民骁勇无畏的性格和粗犷豪放的英雄主义气概。

葛德胜说唱的伊玛堪是赫哲族民族学与历史学的活化石，充分反映了赫哲族古代部落生活的片段。

1998年10月18日，葛德胜病逝于饶河，享年87岁。

民间语言艺术的标本

桦树皮画——与水怪搏斗的木都里莫日根(图/冷菊贞)

每唱一部伊玛堪都要几天几夜，赫哲人生活中离不开伊玛堪，它似乎具有某种神奇的魔力，就像萨满一样，左右着赫哲人的精神世界。

伊玛堪的艺术性，最核心的就是口头语言的巧妙运用。概括起来，其语言运用和艺术技巧，有如下几个方面：

平实、古朴的民间口语风格。包括它的用词、句法、描述、比喻、反复、夸张乃至通篇语言所呈现的格调，都有着民族化、生活化的单纯、平实、生动、古朴的美感。这种民间语言的特点，不仅表现在它的散文叙述部分里，更突出地体现在它的诗体韵文部分。

赫哲族的一般生活语言，就很悦耳动听。进入加工形态的故事讲唱以后，更加富于感情色彩和音乐的美感。仍以《满斗莫日根》中的78段唱词为例，每段唱词的语音，都非常和谐，自然节奏匀称，根据诗句内容的不同，也有不同的变化。伊玛堪的唱词并不固定(除有少量套语外)，多数情况下都是即兴之语。歌手们非常懂得并且讲求运用语音的鲜明节奏，来吸引、打动听众。他们把普通的“白话”，用“唱着说”的方法，从语音节奏上给予调整和润饰，产生了很好的艺术效果。

伊玛堪里的人物和情节，大都带有浓郁的神异色彩和奇异构思，在一定意义上，它应该是我们研究古赫哲族思维与观念形态特征的标本。此外，民间歌手们以其特有的才能和智慧，对自己熟知的社会生活的诸多侧面，运用语言工具进行加工、渲染，营造了众多富于民族色彩的生动画面，深受人们的喜爱。诸如狩猎、宴饮、娶亲、出征、厮杀、比武、结义、重逢、祭神、凯旋等宏大场面的细致描写，既有助于我们感受古代赫哲人的生活，更是伊玛堪文学所特有的艺术精华所在。

伊玛堪音乐，应属于原始的类型，是较古老的艺术遗留。它的曲调旋律性和歌唱性不强，更多地属于叙事调，适合唱词内容的需要。曲调结构虽然单一，但是很流畅。因字行腔，没有更丰富的基本曲调，也未完全定型化，有很大的可塑性。很多调子都是即兴而唱，高亢嘹亮，带有浓重的山野粗犷的气息。它的唱腔曲调，如调式多少、变化大小等，都取决于歌手修养的高低。它的曲式变化，只不过是乐句的简单拉长或缩短，即慢些唱时，就显得低沉、悲伤，快些唱时，又变得轻松、欢快了，而所有这些，都不是基调的变化与发展。

中俄赫哲族(俄境内称那乃)共同交流探讨伊玛堪说唱艺术(图/冷菊贞)

赫哲族伊玛堪调查报告(节选)

马名超执笔，尤志贤校阅

由中国社会科学院文学研究所、黑龙江省民间文学研究会、黑龙江省音协以及合江地区有关民间文学工作者组成的抢救赫哲族民间文学联合调查组，于1980、1981年先后两次在黑龙江省合江地区的饶河、同江、抚远三县境内的赫哲族聚居区，进行了以伊玛堪采集为中心的民间文学专题考察活动，实地考察大约50多天。

伊玛堪是赫哲族长期流传的一种传统讲唱文学形式，素为国内外学术界所瞩目。由于诸多历史原因，这一被视为国宝的口头文学遗产，除在建国后做过一些小规模的搜集以外，迄今从未进行有组织的专题采集，时至今日，已所存寥寥。鉴于这种情况，遂组成调查组，专门进行此项工作。

由于历史原因，不少前代传唱的优秀伊玛堪作品，早已湮没无闻了。直至1930年夏秋之间，中国民族学学者凌纯声氏，曾深入到松花江下游地区，搜集、整理过19篇赫哲族伊玛堪故事，辑成《松花江下游的赫哲族》下卷。这一专集，是今天我们研究赫哲族文学，特别是研究伊玛堪文学之国内著作中的唯一蓝本。其中19篇故事的汉语记录，属于伊玛堪的，约占14篇，另有5篇，是关于萨满、狐狸仙话等题材的其他故事。《松花江下游的赫哲族》下卷所收14篇伊玛堪故事，没有更多地加添所谓文学性或政治内容，使后来者尚能据此看出伊玛堪文学的基本面目，从而使这一部分民间文学的采集成果，仍具有足资凭信的民族学价值。这一点，对于我们今天究竟怎样看待和进行民族民间文学的搜集与整

省级非物质文化遗产传承人——葛玉霞(中)在传授伊玛堪技艺(图/李建华)

伊玛堪说唱作品集

理工作，也是个较好的借鉴。

自1958年以来，赫哲族伊玛堪采集工作进入一个新的历史阶段。据调查，20余年中，已经搜集带唱段的伊玛堪作品有：《安徒莫日根》（1958年，吴进才讲唱，尤志贤搜集整理）、《爱珠力莫日根》（1964年，毕张氏讲述，韩福德搜集）、《松香德都》（毕张氏讲述，韩福德记录整理）和不带唱段的《西尔达鲁莫日根》（片断，葛长胜讲述，赵振才搜集整理）等。此外，对《满格木莫日根》《木竹林》《西雅丘》《木都里》《亚热勾》《莫土格格奔月》《木出空》《阿格弟莫日根》《宁蒂奥莫日根》《哈斗莫日根》《木鲁莫日根》《西尔达鲁和哈毖鲁》以及其他一些长、短篇伊玛堪作品，也都作过调查与采录。除少数作品保存了一些唱段以外，有的只记录下了故事梗概。在采集方法上，虽然各有不同，但都为研究伊玛堪文学积累了十分珍贵的资料。

关于伊玛堪篇目总量，迄今并无确数。有人估计为40—50部，只是一个大致的数。早期的篇目统计，已很难做出了，根据这次调查，并综合1949年前后著录和尚未发表的伊玛堪作品，大致可以确认出28个篇目和4个短篇。

经粗略调查，如说赫哲族伊玛堪篇目总量为30—40部，可能比较接近于实际。

歌手葛德胜说："伊玛堪都是长篇的，没有短篇的。"据调查证实，这一说法是符合实际的。它的几部有代表性的作品所反映的时代，都是在远古的氏族社会，较真切地记录了部落民之间的征服与反征服、掠夺与反掠夺（包括争城、占地、抢掠妇女、俘虏奴隶等）以及血亲复仇等古代战争的历史内容。有一个非常有趣的现象，就是伊玛堪故事里所反映的频繁而残酷的战争，竟然是没有任何兵器的，单凭徒手的格斗（摔跤）或借助萨满神力与宝物（也多无金属器物）。其次，一夫多妻制的社会背景，在伊玛堪故事里，是个带有共性的特征。再次，就是在战争中大批大批地抢掠奴隶。上述几点，便是研究早期伊玛堪作品产生的时代特点的主要依据。

在长期流传过程中，伊玛堪作品的社会内容、篇幅和艺术形式等，都不断地发生变化，不仅出现了阶级社会初期乃至更晚一些的时代特征，也出现了篇幅较短的别种题材的作品。在艺术表现上，除了民族原有的传统因素以外，也融进一些显然属于后世或外来的成分，呈现出十分复杂的情况。

根据今天我们所掌握的伊玛堪作品资料，依其所表现的社会生活特点和题材内容，大致可分为以下三类：

反映部落头领人物（如额真、汗王及其英雄儿女等）与妖魔、恶神或异族入侵者之间大规模战争冲突、带有一定民族史诗性质的叙事作品，如《西尔达鲁莫日根》那样的长篇故事，即属此类。

反映同族中部落与部落之间冲突的叙事故事。如《满斗莫日根》《香叟莫日根》《安徒莫日根》等多数带有英雄叙事诗性质的故事，均属此类。

反映其他不同历史阶段社会生活内容的叙事作品，如歌颂英雄猎手的、赞美劳动人民高贵品德或其他理想人物的。

除此之外，还有些以讲唱形式出现的类似伊玛堪的作品，如果不是一般的故事，即应被视作伊玛堪故事的变体，似可不隶属于这一范畴。

在各类伊玛堪故事里，普遍地存在着反抗邪恶、抵御强暴的观念。对于原始部落战争中涌现出来的杰出人物，人民对之表示出极虔诚的崇敬、景仰情绪，并往往加以神圣化，充分反映了人类朴素的英雄崇拜观念。追求自由幸福、同情孤独与弱小者、赞美忠实与信义、颂扬善良品德，几乎渗透在每一篇伊玛堪中。

歌手们在讲唱时力争用故事中的神异性情节来吸引、打动听众，而对音乐性的要求，相对说来要少一

以伊玛堪、萨满舞为代表的赫哲族传统艺术在美国交流演出(图/葛玉霞)

些。其音乐水平的高低，因歌手歌唱才能的高低而有很大的差别。根据目前掌握的伊玛堪文学与音乐的资料，并结合社会调查，可以这样推断：它原来的叙事歌唱成分要更多些。更早些时的形态，甚而很可能就是叙事诗一类，即都是以歌唱形式出现的，后来，在流传中渐次变异了、退化了，以至出现并渐渐增多了说白的成分，相对地，却减少乃至全然失去了它的歌唱成分。这一点，也与某些北方少数民族（如满族）诗体文学的发展很有相似之处。伊玛堪音乐的特殊性，进一步证实它的许多篇目的最早形态，可能就是英雄叙事诗或氏族史诗的那种古老的民间文学形式。

我们在调查中发现：伊玛堪作品传播至今，存在着十分复杂的情况。仅以葛德胜所提供的两部较完整的作品为例，有关民族语言的严重遗忘、现代观念的大量渗入、讲唱条件与周围环境的急剧变化（包括时代的、听众对象的、讲唱场所的等），也给伊玛堪文学，包括整个民族民间文学各类形态的存在与发展，带来一系列的新的变化。现在，除了当专家进行采访时，歌手还可以讲唱些伊玛堪故事的某些片断之外，通常只有简短的民间文学样式尚有一定用武之地，而在历史上曾经大量存在过的长篇伊玛堪讲唱活动，却已全然销声匿迹了。这就是我们这次调查中所面临的伊玛堪讲唱文学急速“退化”乃至濒于“消失”的问题。它的退化，就其本身来说，是全面性的，在语言、技巧、内容和曲调等方面，都有非常明显的反映。这一现象，并不是孤立的。

（本文节选自1981年发表的《赫哲族伊玛堪调查报告》）

扫描二维码欣赏
伊玛堪说唱

在歌舞中膜拜自然

音乐如江河波浪流动，舞姿似自然精灵嬉戏

赫哲族的音乐、舞蹈是在渔猎生产和社会生活中创造的，在表现粗犷、豪放、热情、坦诚的民族性格的同时，也被赋予鲜明的民族特点。在音乐的旋律方面，体现出了“波浪型”和“划动型”的有机统一。其中，波浪型旋律听后给人以泛舟江河、载浮载沉的感觉，如《等阿哥》《打鱼歌》等曲调都具有类似的旋律特点。划动型旋律则是特指赫哲人划船时，双手来回摆动双桨划动的节奏，这种节奏显然与水、船和人三者之间默契的配合有关。

舞蹈是人们用肢体语言来表达自身情感的一种方式，赫哲人能歌善舞，自古以来究竟跳了多少种舞蹈，无从知晓。但能够流传至今的只有萨满舞、天鹅舞、篝火舞、叉草球舞和鱼鹰舞。质朴、欢快、节奏鲜明，具有浓厚的地域民族色彩是其舞蹈的总体特征。

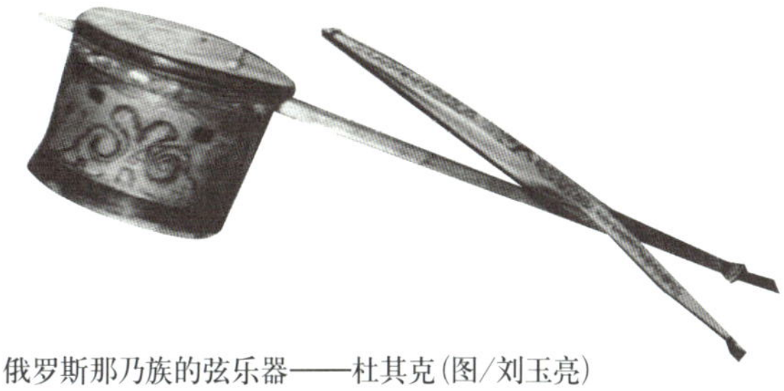

俄罗斯那乃族的弦乐器——杜其克（图/刘玉亮）

巴其兰古卜舞（图/冷菊贞）

男女老幼都是歌唱家

赫哲族在器乐方面极不发达，唱歌却颇发达，不论男女老幼都会唱歌，并能自作歌曲，别创新声。民歌节奏简洁明快，旋律清新流畅，舒展平缓，具有北方渔家歌谣的特点，既容易上口和传唱，又好听，这也是赫哲族民歌能流传至今，并得到其他民族广泛喜爱的原因。

赫哲人以山水文化为基础，把音乐与本民族的渔猎生产、社会生活和精神追求结合起来，创造了别具特色的渔猎生活音乐与萨满音乐。他们的音乐曲调，分为嫁令阔调、天鹅舞调、伊玛堪调和萨满调，后来有人又分出赫呢哪调、哭调和悲调、劳动号子调以及哄孩子调。天鹅舞调、伊玛堪调和萨满调均脱胎于嫁令阔调。

在调式、音阶和节拍方面，赫哲族民间音乐主要是五声音阶，“宫”“徵”调式最多，“羽”调式次之，

江边跳起织网舞，追忆一段似水流年（图/冷菊贞）

“商”“角”调式较少。音乐节拍多为2/4和4/4，其次是3/4和3/8，几乎没有自由节拍的乐曲。

在曲体结构方面，基本都是单乐段结构，有的是由一个乐句构成的，有的是由两个对比乐句构成的，有的则是由四个乐句构成的，还有的乐句长短不规整。凌纯声所调查记录的《不如意》等古老民歌，它们的曲调基本是由一个乐句构成的。虽然中间由于语言字音的变化，曲调亦有一些个别音符的更动，但这丝毫改变不了乐段的性质。《找情郎》等曲调由两个对比乐句构成；《渔歌》等曲调则是由四个乐句构成的，整个曲调十分规整。至于长短不规整的曲调，主要是伊玛堪调，由于情节的不确定性和唱词形式的变化，曲调的随意性、灵活性、可塑性和戏剧性特征十分明显。

赋比兴手法的广泛应用，回环复沓的章法和灵活多变的句式，构成了赫哲族民歌歌词的特点，因而赫哲族民歌大都形象鲜明、感情真挚、气氛热烈、跌宕起伏。这是因为赫哲民歌是老百姓随口唱出来的，它们大多产生于打猎捕鱼的劳动或男女交往的一唱一和中。这种形式的歌词，不但便于记忆，也便于传唱，在艺术上还有它充分抒情的作用。如《渔歌》《找情郎》《富饶的大河》，即是比较典型的例子。

伊玛堪艺术团歌手——何淑云在演唱赫哲民歌（图/冷菊贞）

赫哲族民间歌手——吴连贵

吴连贵，1908年农历十月初八出生于混同江边莫勒洪阔赫哲族渔村，家境贫寒。村中莫特额老人是一位赫哲族地区久负盛名的伊玛堪歌手，他非常喜欢聪敏过人、对音乐有着极高天赋的少年吴连贵，因此倾囊相授。吴连贵17岁那年，莫特额老人去世。此时，吴连贵在演唱艺术上已小有成就。他不仅能够演唱《西尔达鲁莫日根》《木都里莫日根》《木竹林莫日根》等传统的伊玛堪大段，而且还擅于即兴演唱各种民歌，说各种故事。

“九一八”事变后，吴连贵用讲唱伊玛堪，控诉日本帝国主义实行民族灭绝政策的罪行，激发同族人生存的意志和同困难作斗争的勇气。这时，他结识了一位名叫山虎的伊玛堪歌手，在相互学习之中，吴连贵的讲唱篇目更加丰富，说唱技艺也得到进一步提高。

中华人民共和国成立后，新生活激发了吴连贵的演唱和创作热情。他具有较高的音乐修养，能用

吴连贵

箫、笛、提琴等乐器演奏，又熟悉许多苏联歌曲，即兴创作了许多曲调优美动听的民歌和唱段，发展和丰富了赫哲族的传统民歌。

1980年夏季，病中的吴连贵请人代笔给中国民间文艺家协会写了一封信，恳切地陈述了抢救民族文化遗产伊玛堪的迫切性。同年9月下旬，抢救赫哲族民间文学联合调查组来到吴连贵家中，这时，已经卧床的吴连贵强撑病体坐在炕上为大家演唱了《西尔达鲁莫日根》《木都里莫日根》等作品的片断，整整一个下午，成为老歌手临终前的绝唱。1980年11月23日，吴连贵去世。他为后人留下了伊玛堪片断6部、传说及故事50余篇、民歌30余首，是赫哲族民间口头文学的忠实传承者。

吴连贵的演唱，真挚细腻，富有抒情意味，作品中呈现了鲜明的时代色彩；他的即兴诗如行云流水，舒卷自如，体现了深沉强烈的现代感情同传统赫哲诗歌表现手段的完美结合；他演唱的新民歌曲调优美、音乐形象丰富，歌词中充满了对新生活的热爱和乐观主义精神。他把歌手的抒情和评叙带进了伊玛堪的唱段，开拓了伊玛堪诗体化的新阶段；他在唱段中直接抒发和表达歌手的感情和态度，使歌手的唱词与听众共鸣，是伊玛堪演唱艺术的“民族大师”。

《乌苏里船歌》是赫哲人的民族标志和象征，听到其优美的旋律，人们马上会想到赫哲族，以及其神奇古朴的捕鱼文化。1980年，《乌苏里船歌》被联合国教科文组织选定为亚太地区音乐教材。

《乌苏里船歌》主体部分采用了在赫哲族中流传十分广泛的嫁令阔调，它是一首一曲多用的民间曲调，有多种内容的歌词。多首名称不同的赫哲族民歌都用这首曲调演唱——如在1959年第12期《歌曲》上发表的赫哲族民歌《狩猎的哥哥回来了》，以及《想情郎》《我的家乡多美好》《等阿哥》等，都是同一首曲调，也是最具代表性的赫哲族传统民间曲调。

嫁令阔调听起来轻柔悠扬，有简短、通俗、抒情、自然、优美和流畅的韵律。曲调结构也相对简单，有一个乐段的，也有两个乐段的。乐曲多由5声音阶组成，节拍

《乌苏里船歌》——歌在船头，唱在浪中

啊朗赫呢哪　啊朗赫呢哪（回声）　啊朗赫赫呢哪

赫雷赫赫呢哪

啊朗赫呢哪　赫雷　给根。

乌苏里江来长又长，

蓝蓝的江水起波浪，

赫哲人撒开千张网，

船儿满江鱼满舱。

啊朗赫拉赫呢哪雷呀　赫啦哪呢赫呢哪。

白云飘过大顶子山，

金色的阳光照船帆，

紧摇桨来掌稳舵，

双手赢得丰收年。

啊朗赫拉赫呢哪雷呀　赫啦哪呢赫呢哪。

白桦林里人儿笑，

笑开了满山红杜鹃，

毛主席领上幸福路，

人民的江山万万年。

啊朗赫呢哪　啊朗赫呢哪（回声）

啊朗赫赫呢哪　赫雷赫赫呢哪

啊朗赫赫呢哪　赫雷　给根。

用传统民间技艺鱼皮画表现的《乌苏里船歌》场景（图/冷菊贞）

《乌苏里船歌》原唱著名歌唱家郭颂与赫哲族民间艺术团演员亲切交谈

为4/4、5/4、6/8、3/4。这一曲调流传下来的歌曲不多，只有一些上了年纪的赫哲族老人或妇女，偶尔还能哼唱上十几首。《乌苏里船歌》经过了作曲家的艺术加工，更为“华丽流畅、新颖别致，乐句的落音做了调整，使乐句之间的对比更为明显”，因而受到了广泛的赞扬和喜爱。

《乌苏里船歌》包括序唱、主体和尾声等三个部分。序唱是根据伊玛堪改编的散板性引子，只用虚词；第二部分是歌曲主体部分，也是唱曲中心部分和主要唱词部分，是根据赫哲族民歌改编的行板，它包括了三段歌词；第三部分是用伊玛堪改编的散板性的尾声，仍只用虚词，与第一段相呼应。第一段序唱与第三段尾声篇幅短小，且只用虚词，很明显，整首歌中最重要的是中间的主体部分。

赫哲族民歌所具有的乐句重复、节奏重复、五声音阶、音域平稳、简朴明快等特点，在《乌苏里船歌》中都得到了很好的体现，听来有“歌在船头、唱在浪中”的韵味。

心灵世界的宣泄——古朴的舞蹈

赫哲族舞蹈，在日本人侵入东北之后，大都已经失传，也有个别舞蹈，比如“皮里西舞”，只知其名，不知动作。能够流传至今的只有萨满舞、天鹅舞、篝火舞、叉草球舞和鱼鹰舞。在这几种舞蹈类型中，萨满舞和天鹅舞是比较古老的舞蹈形式，天鹅舞目前只有个别人看过，整个舞蹈套路也已经失传。而叉草球舞、鱼鹰舞和篝火舞则是近年来赫哲族为参加全省乃至全国少数民族文艺汇演或乌日贡大会，在模仿的基础上重新编排创作的。

从舞蹈的来源看，萨满舞显然是来自萨满跳神治病、还愿、送魂以及其他祭祀活动，天鹅舞则源自古老悲壮的传说故事，叉草球舞来源于赫哲族古代叉鱼活

赫呢哪调

在嫁令阔调中，有很多曲调是用赫呢哪来当开场白的。久而久之，赫呢哪便在嫁令阔调的基础上，成为具有广泛群众基础的民间小调。按照赫哲人的理解，赫呢哪是衬词或虚词，相当于汉语“哎……啊”的意思。整个赫呢哪调具有清新、明快的特点，每首小调开头都用赫呢哪来演唱，由于没有固定的歌词，因而演唱者要临场发挥，想啥唱啥，见啥唱啥。结尾同样以赫呢哪来收尾，有时唱到中间，歌词编不下去了，想不起来了，也用赫呢哪来填空、补白。

赫呢哪调多由赫哲族妇女来演唱，曲调或昂扬向上，或清脆悦耳，当遇到高兴的事情或遇到好事后，大家才即兴演唱一曲，以表达内心的喜悦。有时亲友相聚，也要唱上一段。当然，在极个别悲伤的场合，人们也借用赫呢哪小调，来表达内心悲伤和痛苦。从曲调本身看，赫呢哪多为五声音阶，最多只有两个乐段，乐句也比较对称，节拍则为2/4，也有3/4或4/5的。有的赫呢哪调甚至一曲多用，如《猎人之歌》就曾填过《打猎歌》和《打雁歌》等歌词。

扫描二维码欣赏
赫呢哪调

玄妙莫测的赫哲族传统舞谱

桦树皮画——天鹅姑娘的传说（图/冷菊贞）

动及由此派生出的叉草球游戏，鱼鹰舞无疑与赫哲族崇敬的阔力有关，篝火舞乃是以跳鹿神为原型编排创作的。这些舞蹈无不以渔猎生产、社会生活及精神追求为动力，形式多样，内容丰富。

萨满舞脱胎于萨满跳神治病、送魂以及祭祀等具体的神事活动中，有神鼓舞和神刀舞两种形式，萨满手拿鼓槌，身系腰铃，在鼓声和铃声中，身体反复摇摆、舞动、前进。在摇摆舞动过程中，萨满的舞姿也不断变化，一会儿半身稍微弯曲，呈“立舞”姿势，一会儿上下身子成直角，呈“伛舞”姿势，一会儿又双腿蹲下舞动，呈“蹲舞”姿势，给人眼花缭乱、目不暇接以及变幻莫测的神秘感觉。近年来，为突出赫哲族的文化特色，人们以萨满舞为原型，设计创作了手鼓舞、腰铃舞等一系列的舞蹈节目，在乌日贡大会上表演。有一个舞蹈，由数名剽悍的赫哲族男青年表演，他们身穿样式古怪的巫师服装，头戴鹿角帽，手持鹿皮鼓，在激昂的鼓点伴奏下雄劲起舞。他们旋转奔跑，舞步刚劲有力，系在腰间的腰铃也随舞步节奏的加快，不断发出清脆的响声。在一浪高过一浪的响动声中，给人以强烈的精神震撼。

天鹅舞以在赫哲人中间广泛流传的天鹅故事为素材，表现了一位宁死不屈的赫哲族姑娘为了摆脱不如意的婚姻，以生命的代价进行抗争，最后投河自尽而变为一只美丽的天鹅飞向天空的故事。由于天鹅故事是以女性婚姻为主题，因而表演时多由赫哲族妇女唱主角。每当重大节日时，她们便在家中和自家院落栅栏内，身穿镶有彩色花边的长袍，在歌声的伴奏下，双臂模拟天鹅展翅高飞时的各种动作翩翩起舞。有时她们双腿交叉半蹲，双臂伸向两侧上下缓缓挥动，有时双脚向前移动，犹如天鹅在江中自由游弋。可惜，这一舞蹈在民间已基本失传。近年来，一些赫哲人以集体舞的形式，编排了具有现代色彩的天鹅舞，主要表现天鹅嬉水、展翅飞翔的场景。

空谷跫音犹可闻

——专访赫哲族伊玛堪说唱艺术传承人葛玉霞

文/青鸟

1985年，陈雷省长（右二）视察饶河时与赫哲族民间说唱家葛德胜（右一）、民间艺人尤连仲亲切交谈

饶河县风光秀美，乌苏里江从县城旁蜿蜒流淌，河的对面就是俄罗斯境。县境峰峦起伏，河流纵横，湿地散布，湖泡溪流点缀其间。这是一个洁净美丽、晶莹剔透的世界，是容易产生神话和故事的地方。

离县城不远的四排赫哲族村，就是著名的伊玛堪说唱家葛德胜的家乡。葛德胜不仅是一位杰出的伊玛堪说唱家，还是伊玛堪艺术的传播者，在他的口传心授下，他的女儿葛玉霞也成了一名出色的伊玛堪说唱艺术传承人。

葛玉霞出生于1960年1月，艺名葛依克勒胡萨，目前担任饶河县民族宗教局副局长。笔者见到的葛玉霞，干练而善谈。她介绍自己的成长历程时十分自信，对赫哲族传统文化的热爱溢于言表。葛玉霞从小随父亲葛德胜学习伊玛堪说唱、赫哲语、萨满舞，逐步领悟了赫哲族传统文化之精髓，成为赫哲族新一代的民族传统文化的守护者。

葛玉霞以承继自父亲的赫哲族原生文化为底蕴，按照自身的理解对赫哲族传统文化艺术进行了适当的改造，形成了具有她个人风格特征的伊玛堪说唱和萨满舞艺术，使它们在传承中有所发展和创新。她创建了伊玛堪传习所，定期传授伊玛堪文化和萨满舞，担负起了传播本民族文化的重任。传习所的学员并不局限于本地和本民族，她希望以此来汇聚各族赫哲族文化爱好者，并且把赫哲族经典传统文化推广出去。

2001年，葛玉霞在第六届乌日贡大会上因表演《赫哲族萨满舞》开始引起多方关注；此后她带着这一舞蹈相继参加了第七届乌日贡大会以及俄罗斯那乃区那兴村建村150周年和俄罗斯太阳区干顿村建村55周年庆典等活动；2007年3月，在北京她表演了赫哲族萨满舞《求天赐福》，获得好评如潮。2007年，《赫哲族萨满舞》入选黑龙江省第一批非物质文化遗产名录。

葛玉霞的成长离不开她的父亲——著名的伊玛堪讲唱家葛德胜。关于父亲，葛玉霞说："父亲出身贫苦，10岁时才有机会上学，只读了9个月私塾。他从小就喜欢上了特仑固和说胡力，尤其对反映赫哲族英雄人物和历史的说唱艺术伊玛堪情有独钟，达到了痴迷的程度。父亲经常听老一代伊玛堪歌手讲唱，熟稔于心的伊玛堪有：《香叟莫日根》《满斗莫日根》《阿格弟莫日根》《木都里莫日根》《西尔达鲁莫日根》《木竹林莫日根》《希勒勾莫日根》《满格木莫日根》等。他的第一批听众就是弟弟妹妹，我的母亲和两个姑姑都会说唱一些伊玛堪和特仑固、说胡力。叔叔葛长胜在父亲的影响下更成为一位著名的伊玛堪歌手。"

据葛玉霞回忆，1980年9月，当抢救赫哲族民间文学联合调查组到四排村时，父亲还可以完整地讲唱伊玛堪，比如《香叟莫日根》等。1981年2月至5月，父亲被请到了佳木斯市，重点录制了《香叟莫日根》《满斗莫日根》《阿格弟莫日根》，留下了近30个小时的音像资料，他对《香叟莫日根》做了大量的补充，增加了西征、遇难、求救、复仇等重要情节，为后人留下了一部完整的伊玛堪作品。这次录制后，由尤志贤、傅万金、韩福德翻译出了20余万字的汉文资料，为研究伊玛堪留下了十分珍贵的第一手资料。可以这样说，20世纪30年代，著名民族学家凌纯声收集、记录了14部伊玛堪文本，而20世纪80年代的这次伊玛堪调查，有着与它同样重要的意义。

关于伊玛堪乃至赫哲文化的现状，葛玉霞说，伊玛堪作品传播至今，存在着十分复杂的情况。仅以其父葛德胜所提供的两部较完整的作品为例，有关民族语言的严重遗忘、现代观念的大量渗入、讲唱条件与周围环境的急剧变化（包括时代的、听众对象的、讲唱场所的等），给伊玛堪，也包括整个赫哲族民间文学的存在与发展，带来一系列的新的变化。如今，除了专家进行调查时，歌手还可以讲唱些伊玛堪故事的某些片断之外，在历史上曾经大量存在过的长篇伊玛堪讲唱活动，已全然销声匿迹了。伊玛堪讲唱文学面临着急速"退化"乃至濒于"消失"的问题。它的退化，是全面性的，在语言、技巧、内容和曲调等方面，都有非常明显的反映。这一现象，并不是孤立的。当前，从赫哲人的生产、居住、语言、文化教育、婚姻、习俗、仪礼等社会生活的各个侧面，都反映了这一深刻变化。以民族语言的变化为例，20世纪80年代，40岁以下的赫哲人，只有少数人能听懂赫哲语，至于熟练用民族语言交流的，则几无一人。50周岁以上的，也大都使用汉语、汉字，只有很少数的老人还可通晓赫哲语。

葛玉霞认为，赫哲族最具特色的民族传统文化传播的条件已经不再具备，譬如用民族语言讲唱伊玛堪，事实上已经消亡，只存在文献学的意义和研究价值，不可能具备社会交流功能。而萨满文化是伊玛堪的重要内容，也是赫哲族文化的核心，随着萨满的消失和萨满文化社会功能的丧失，萨满文化存在的基础也不复存在。因此，作为萨满文化的重要构成的萨满舞的传承就变得非常有价值了。虽然今日的萨满舞跟原初相比已经面目全非，但毕竟留下了赫哲人对祖先文化的记忆。

葛玉霞和印第安人全家合影

口弦琴和萨满鼓

弹奏口弦琴（图/黑龙江省民族研究所，刘玉亮修复）

口弦琴是赫哲人唯一流传下来的弹奏（拨）乐器，它构造简单，用四棱铁条制作，呈三角形。中间平直，梢部开口，框架中间用钢丝制成舌簧，舌簧根部固定在框架手握处，舌簧的梢头上翘90度。弹奏时，左手拇指顶住琴把，食指和中指夹住琴框把琴放在唇间，琴架抵在微微张开的上下前牙上，但不能使任何东西阻止舌簧；然后用右手食指拨舌簧，随着音节呼气，也可用舌尖鼓动气体，使乐器产生高低音。口弦琴既能弹奏低沉悲哀的曲调，又能弹奏悠扬欢快的曲调，有引人入胜的清新感。该乐器声音很细，因而多为赫哲族妇女所吹奏。近年来，随着各种现代乐器的广泛应用，她们已经很少弹奏这种乐器了。

萨满鼓有两种：一种是萨满用的蛋形鼓，一种是“阿哈”用的圆鼓。这两种鼓形式大小虽异，而构造上则完全相同。赫哲人以鼓为乐器，主要在两种场合使用：一种是在萨满治病或从事其他神事活动时敲打，一种是在跳鹿神活动时击打。凌纯声在调查时了解到：赫哲人使用的鼓“为一面鼓，鼓面鼓背击之均能发声。鼓面又因击在部位的不同而发音亦异。如击鼓面的中心则发[dʒ]的声音，鼓的边部右下方则为[dən]，击在鼓缘木上任何一部，则为[k'ɔ]，在鼓背用鼓把手撞鼓皮，则发[tə]声。又用火烤鼓使鼓声有高低，再加上强弱，所以变化多端”。由于赫哲族人人都会打手鼓，因而敲鼓场面甚是热闹。1949年后，手鼓主要被应用于各种喜庆或表演活动中。

激越地敲起萨满鼓（图/孙志江）

撰稿专家

都永浩，朝鲜族，黑龙江省民族研究所研究员，所长。

尤文民，赫哲族，黑龙江省民族博物馆研究馆员，研究部主任，主要从事赫哲族历史文化研究和黑龙江少数民族文物研究，兼及黑龙江少数民族文化展览活动策划等。曾长期在俄罗斯从事那乃人、埃文基人历史文化研究。

《清代珲春赫哲族考略》
（与谷文双合著）

扫描二维码，
阅读专家代表著作的电子版

冰封乌苏里江，宛如水晶世界（图/冷菊贞）

第5章

大江大山大平原，古风古韵古歌谣

走进赫哲族

本章主撰稿人：黑龙江省委政策研究室研究员　姜洪波

如果用一个字来形容赫哲族世代生息的三江流域，“大”字或许是首选。大江、大山、大湖、大平原、大森林、大湿地，在这些大山水中，栖息着种类众多的野兽、禽鸟，三江流域的景观多样性无与伦比。

如果用一个字来概括赫哲族所生活的这片区域在当今中国版图上的位置，“边”或许是首选。由此我们可以引申出边陲、边地、边境、边疆。没错，赫哲族与上述所有的这些边都沾得上边。历史的变迁，使黑龙江成为了一道界江，使得赫哲族成为了一个跨境民族，其中的聚散离合，有着沉甸甸的分量。

如果用一个字来表现赫哲族的民俗民风，“古”或许是首选。古老的捕鱼狩猎技能和与之相适应的古旧建筑样式，古远的萨满教信仰，古朴的鱼皮服饰，古拙的桦树皮器物，古韵悠长的伊玛堪说唱，所有这些（其中好几样是国家级非物质文化遗产项目）令赫哲族成为了一个人口虽少但文化异常丰富的民族，尤其是他们的艺术表现和造型能力，即使以现代视角观之，也毫不落伍。更为难能可贵的是，黑龙江虽然在地域上隔开了一个民族，但从来没有割断这个民族的文化血脉。一朵云纹，一段说唱，便是这个民族跨江相认的胎记。

如果我们用一个字来总结赫哲族的自然、文化资源，那么，毫无疑问，当是“富”字，这是一个资源富集的民族，尽管其人口数量在全国各民族中排在倒数。

对自然生态资源及民族文化资源富集的赫哲族来说，发展民族旅游业有着得天独厚的优势。走进赫哲族，就是走进一方大开大阖的自然山水，走进一种古朴独特的文化体系。概而言之，生态游、跨境游、文化体验游，是赫哲族地区旅游的三大特色产品。

自然与文化的完美契合——生态旅游

生态良好，文化独特

赫哲族地区山清水秀，水系发达，江河纵横，鸟兽成群，岛屿星罗棋布，湖泊如繁星点点。水资源、森林资源以及动物资源不但数量充足，而且基本保持原生状态，很少受到人为破坏。这为当地开展以自然风光为特征的生态游奠定了良好的环境基础。

以界江为特色的江河生态游

黑龙江、松花江和乌苏里江流域旖旎的自然风光在国内首屈一指。仅以乌苏里江为例，它是目前中国唯一没有受到任何污染的界江。站在乌苏里江源头向远

同江市区北4千米的三江口，为松花江、黑龙江汇合处，黑龙江自西而东流来，水呈墨绿色，平缓而坦荡，松花江泥沙较多，呈黄色，汇合后俗称“混同江”。汇合后的江水汹涌澎湃，黑黄两色，界限分明，东流数十里不混。因为黑龙江、松花江两江流到同江，形成三汊口，人们习惯称“三江口”

乌苏里江里鸳鸯戏水(图/刘玉亮)

处眺望，森林、草原、沼泽、湿地、平原错落有致，自然植被保存完好。顺着乌苏里江信步漫游，可谓“河道宽阔，水网相连，鸥凫飞翔，鱼跃水面，水质清可鉴人，整条乌苏里江像一条飘动的玉带，蜿蜒缠绕在丛山密林或沼泽原野之间”。赫哲人绝不会破坏江河自然资源，他们依托三江流域的天然美景，开发以界江风光为引领的生态游项目。让游客轻划桦皮船荡漾于宽阔的江面上，仿佛“置身于仙境般画廊中，又好像沉醉于诗情画意中”。游客还可以到指定水面甩竿垂钓，以体验赫哲族独特的捕鱼技术；或者坐在船上听一段“伊玛堪”，聆听赫哲古人的故事。在远眺近赏、动静交互中，领略中国东北边疆独具特色的江河风光。

野鸭在湿地做窝下蛋(图/孙志江)

初夏黑龙江(图/孙志江)

边境旅游新热点——黑瞎子岛

黑瞎子岛位于中俄边界抚远市境内的黑龙江和乌苏里江的交汇处主航道西南侧，是中国最早见到太阳的地方，是黑龙江流域中最大的江心岛，面积300多平方千米。黑瞎子岛由银龙岛、黑瞎子岛、明月岛3个岛系近百个岛屿和沙洲组成，岛长58800米，最宽处为14000米。全岛平均海拔约为40米，地势平坦，有大面积的湿地。岛上主要生长柳树、榆树、杨树、柞树，草甸青翠，江汊纵横，水草丰美，主要鱼类有鲤鱼、鲫鱼、鲢鱼、白鱼、鳌花等几十种，是鲑鱼洄游的必经之路。

黑瞎子岛是处于未开发状态的自然生态之岛。根据2004年《中华人民共和国和俄罗斯联邦关于中俄国界东段的补充协定》，中国收回半个黑瞎子岛的主权，获地174平方千米，当中第二大的岛屿银龙岛，因位处黑瞎子岛之西北，故此全部归属中国。2011年7月15日黑龙江省政府宣布，从2011年7月20日起，位于中俄边境的黑瞎子岛将开放为旅游目的地，游客可通过指定旅行社报名登岛游览。这是2008年中俄两国政府在黑瞎子岛举行界碑揭幕仪式以来，该岛首次对游客开放。2011年7月20日上午，中国黑瞎子岛旅游首发仪式在抚远县举行。首发仪式后，首批150名游客登上黑瞎子岛，在岛上停留约3小时，游览了黑瞎子岛湿地公园、俄罗斯军营旧址、回归交接纪念碑等景点。

黑瞎子岛湿地公园

大顶子山云海（图/冷菊贞）

以森林为特色的林地生态游

赫哲族地区林地资源十分丰富，枝繁叶茂、草木丛生的山林有“天然氧吧”之称，可以形成游客十分向往的“绿色吸氧之旅”。仅以远近闻名的街津口赫哲族乡为例，该乡位于同江市境内，东、西、南三面被群山环抱，中间为盆地，北面临水，与俄罗斯隔江对望，形成了山水环绕的别致景观。作为完达山余脉的街津山，山势险峻、层峦叠嶂、林木茂密、风光绮丽。黑龙江、莲花河、得日乞河等流经辖境，有“三水绕街津”之美称。1994年，总面积达77.7平方千米的街津山国家森林公园成立，1997年被评为黑龙江省省级自然保护区，2000年被评为B级国家森林公园。黑龙江作为中俄两国的界江，流经街津山国家森林公园境内约25千米，水深4—

8米不等，最深处达17米。由于雨量充沛，气候温和，森林茂密，街津山动植物资源十分丰富。园内有哺乳类动物26种、鸟类30余种、淡水鱼类90余种。除各种动物资源外，街津山还蕴藏着丰富的植物资源，红豆果、山葡萄、五味子、党参、黄花菜、蕨菜、猴头等野果类、药用植物和山野菜很多。巍峨的群山，茂密的森林，宽阔的河谷，湍急的河流，清新的环境，构成了绝佳的北国风光。在这里，春季可享受大自然的勃勃生机，夏季可避暑纳凉、疗养，秋季可体验五花山给人们带来的美景奇观，冬季可以溜冰赏雪，或者脚踏滑雪板，体验穿林海、过雪原的神奇之旅。

右上图：街津口栈桥
右下图：春夏之交，街津口遍野黄花

以湿地为特色的沼泽生态游

湿地被称为“地球之肾”，具有分解、净化污染物及“排毒”“解毒”之功效。同江市八岔赫哲族乡有着十分丰富的湿地资源，该乡位于三江平原腹地，北隔黑龙江与俄罗斯遥相呼应。由于境内岛屿众多，湿地发育良好，2001年被评为黑龙江省省级自然保护区，同年被批准为八岔岛国家级自然保护区，被视为三江平原上的一颗明珠。该保护区属“内地湿地与水域生态系统类型”，它以动物与草甸、植物生态系统为保护对象，原始地貌保存良好。在保护区3.2万公顷范围内，既有茂密参天的原始森林，又有50余个天然岛屿，还有幅员辽阔的成片湿地。加之野生动植物种类繁多，生物多样性富集，已成为中国重要的生物多样性基因库。几乎绝迹的野生大豆等珍稀物种，具有极高的科研价值和经济价值。利用八岔岛湿地资源的原生性、富集性和稀缺性，赫哲人继承其礼天敬地、尊崇万物的文化传统，先后辟建了生物博物馆、展览室、多功能厅、博物馆、特种鱼养殖基地、经济植物栽培基地、经济动物养殖基地等旅游观光项目，配套设立了森林浴场、森林探险、沙滩露天浴场、临江度假村、天鹅湖、中俄界江观光、界江漂流和观鸟台等景点。游客既可观赏到以湿地为背景的自然生态景观，又可品味捕鱼民族传统文化的独特魅力。

上图：鹤舞冰雪（图/黑龙江省民族研究所）

下图：乌苏里江湿地的秋天，油画般绚烂

得到良好保护的挠力河湿地生态系统(图/冷菊贞)

野鸭是湿地的常客(图/孙志江)

三江湿地里悄悄开放的菱角花(图/孙志江)

湿地苔藓(图/孙志江)

赫哲族自然保护区

赫哲族自然保护区涉及辖境内和毗邻区两个层面,有不同类型、不同层级的自然保护区7个。其中,位于赫哲族辖境内的国家级、省级自然保护区有2个,它们分别为八岔岛、街津山自然保护区;毗邻赫哲族聚集区的国家级、省级自然保护区有5个,分别为洪河、挠力河、饶河东北黑蜂及勤得利鲟鳇鱼、大佳河自然保护区。根据保护区类型的不同,保护的对象也有很大差别。比如,八岔岛自然保护区属于内地湿地与水域生态系统类型,重点保护黄菠萝、水曲柳、马鹿、狍子、大天鹅等;洪河、挠力河自然保护区突出湿地水域的生态系统保护;饶河东北黑蜂保护区强调对蜂种及蜜源植物的保护;街津山自然保护区重点对丹顶鹤、天鹅、飞龙、鸳鸯以及熊等的保护;勤得利鲟鳇鱼保护区侧重于特种鱼类的保护;大佳河保护区则以内陆湿地与水域保护为主。随着赫哲地区特色旅游产业的规模发展,保护区内的各种动植物、湿地、水面等自然资源对外地游客具有极大的吸引力,赫哲地区适度开发以大界江、大水面、大湿地、大森林等为特色的旅游项目,有着广阔的前景。

大顶子山最高峰上的天佑阁，登临可远眺乌苏里江（图/冷菊贞）

在一节一村中深度体验赫哲族文化

乌日贡节，不能错过的赫哲族盛会

以酒为礼、以歌传情、以舞抒怀的赫哲族渔猎文化和原始神秘的萨满文化，构成了赫哲族文化的主体。到了赫哲族地区，不去体验了解赫哲族独特的文化，等于入宝山空手而回。

传统与现代文化的交融——乌日贡节

乌日贡节，是赫哲族以文体活动的形式庆祝丰收的一个节日，日期为农历五月十五日。在乌日贡节上，既有各种歌舞表演，也有与传统相连的民族体育比赛和表演。乌日贡节是歌的海洋、舞的世界、英雄的赛场。

乌日贡节大会会场(图/孙志江)

民族游戏表演比赛是乌日贡节的主角，最具特色的是叉草球游戏。

叉草球游戏以其参加人数多、普及程度高、影响面广、场面火爆热烈而深受广大赫哲人的喜爱。赫哲人玩叉草球游戏，显然是与他们所从事的古老的叉鱼生产活动有关联。在以叉鱼为主要捕鱼形式的时光里，赫哲人练习叉草球，无非是为了日后能够多叉鱼。玩叉草球

乌日贡节中的赫哲儿童(图/冷菊贞)

参加乌日贡节的赫哲族女演员(图/孙志江)

叉草球杆（图/牛清臣）

游戏，也就是为了帮助青少年掌握相应的叉鱼技能。赫哲人认识到了练习的重要性，他们有意引导自己的子女玩叉草球游戏，原始、古朴的叉草球游戏正是在赫哲人叉鱼生产的现实需要中，在寓教于乐的玩耍中应运而生的。

游戏所用的草球用湿草做成，形状和大小不固定，有的直径在33厘米左右，有的则像大碗那样粗细；木叉是用柳木削成的，仿照渔叉加工制作，叉头长约17厘米，叉身长约2.3—2.7米。比赛双方分成人数均等的两组，先由一方选出一名身强体壮的队员，将草球抛向对方场地，对方队员则举叉叉之。队员们在比赛中表现得虎虎生威，把比赛场地视为正在江河中劈波斩浪、奋勇前进的木船，把空中飘忽不定的草球视为水中正在游动的鱼儿，在抛与叉的互动中，人们的呐喊声、加油声此起彼伏，响彻云天。当草球被一方队员叉中后，大家欢呼雀跃。叉草球游戏是赫哲人消遣娱乐的一种形式，是人们精神生活的一个组成部分，也是其他民族了解赫哲族的一扇窗。

乌日贡节日中表演萨满舞的赫哲族青年（图/孙志江）

赫哲民族文化村——渐行渐远的赫哲族传统文化的集中展示

赫哲民族文化村位于黑龙江省同江市东北45千米处，居街津山国家森林公园内，属核心景区。该民族文化村占地面积17万平方米。它始建于1999年，为全国唯一的赫哲民族文化村。它以展示赫哲族历史文化为主线，再现了该民族的渔猎生产、社会生活、宗教祭祀、民风民情等历史原貌，已建成广场区、展示区、雕塑区、宗教区、民居餐饮区、狩猎区、游乐区、码头区等功能区，并于

手持节日圣火的赫哲族老人（图/孙志江）

赫哲民族文化村中的猎归雕塑——《山魂》(图/孙志江)

2001年正式对游客开放,累计接待国内外旅游者百余万人次,成为黑龙江省重要的文化旅游景点之一。

走进赫哲民族文化村,首先进入游客视野的是文化村大门楼,该门楼距街津口村1千米,始建于2000年,属木刻楞式结构,别具赫哲族文化特色。赫哲展览馆位于门楼北侧,占地面积为300平方米,共设赫哲族简介、渔猎资源、生产生活、传统工艺以及历史名人5个展厅,以实物、图片、场景再现和资料等多种形式进行展示,陈列展品有300余件。渔猎资源展厅展出三江流域的名贵鱼种诸如"三花五罗"、鲟鳇鱼和大马哈鱼,等等。

生活习俗展厅浓缩了赫哲渔猎文化的精华,展品涉及渔猎生产、社会生活、日常起居、宗教信仰等多个层面。展馆内展示的两套男女鱼皮套装,以大马哈鱼皮手工缝制,设计精巧、款式大方、做工考究,加之配饰用鱼皮剪成的浪花和云卷图案,既体现了渔猎民族的文化特色,又表现了赫哲族妇女的心灵手巧。"三天打鱼,两天晒网"是一句耳熟能详的熟语,有"懒惰、没有长性"等意思。可是这里的陈列告诉我们,在使用尼龙网捕鱼之前的很长时光内,由于织网材料易腐烂,正确的保养办法是打三天鱼,必须拿到岸上晒一晒,然后继续使用,所以"三天打鱼,两天晒网"是包括赫哲族在内的捕鱼民族,在特定的历史时期所必须遵循的生产程序。此外,一件木梳子也一定会引起你的兴趣,讲解员会告诉你,木梳子是古代赫哲族人用来熟制鱼兽皮的,若有孩子顽皮,长辈常会警告他:"是不是皮子又紧了,一会儿给你梳皮子。"久而久之,"梳皮子"就成了一句含有警告意味的俗语。

雕塑区的大型群雕展现了在冰天雪地里不畏严寒的赫哲族猎人赶着狗拉雪橇,满载猎物在林海雪原中疾驰而归的场景,为游客展示了以使犬闻名的赫哲族猎人不一样的生活。以一根椴木雕刻而成的图腾柱,通高2.5米、直径0.5米。在这根图腾柱上,雕有3个人以及熊、虎、鹿、鹰等图形,展示了古代赫哲人日常生活中崇拜的各种图腾。据说用手触摸图腾柱,摸得越高就越有福气,由于游客经常以手摩挲,表面十分光滑。

在赫哲族传统渔猎文化日益受到冲击的当下,民族文化村为我们保留并定格了这个民族的传统文化,从而成为我们走进赫哲族时绕不过去的一站。

个人博物馆

赫哲族艺人孙有财与徐国联手于1992年在同江创办了国内第一家个人赫哲族历史博物馆,以收集、整理和展览本民族传统工艺为基础,重点加工制作各种鱼骨、鱼鳞和鱼牙等工艺品,包括鱼骨手链、鱼骨项链、鱼骨扇、牙骨神、牙门神、鱼鳞屋和鱼鳞帽等等,已接待来自日本、韩国、朝鲜、泰国、意大利、俄罗斯等国家及国内游客几十万人次,并曾得到我国著名的社会学家、民族学家费孝通的高度肯定。

共饮一江水——跨境那乃族风情游

那乃族很好地保留着渔猎文化传统

别样的界江风光

由于某些历史原因，历史上原本完全生活于我国境内的赫哲族后来成为跨界民族，在俄罗斯境内，他们被称为那乃族。那乃族主要分布在阿穆尔河（俄罗斯人称黑龙江为阿穆尔河）下游及其支流阿姆贡河等流域的平原地带，主要居住在今俄罗斯哈巴罗夫斯克边疆区的那乃区、共青城、哈巴罗夫斯克区和维亚泽姆斯克区，小部分居住在滨海边疆区和萨哈林岛，为俄罗斯远东联邦区南部人口数量最多的土著民族，共有2万余人。作为那乃族的主要聚居地，苏联政府于1934年设立

上图：黑瞎子岛上俄罗斯境内的教堂（图/刘琪）
下图：多彩正值霜降时

水草肥美的黑龙江下游流域（图/孙志江）

了那乃自治区，辖区面积2.78万平方千米，区首府所在地为特洛伊茨克耶，这里三面环山，一面临江，共有15个村。与赫哲族的聚居区相比，那乃自治区同样土地辽阔、物产丰饶、风光秀丽，有阿穆尔河、阿姆贡河等众多河流，有巍峨起伏的群山，有茂密的森林，有一望无际的草原，有丰富的动植物资源，生物多样性十分富集，加之水陆交通便利，是游客观异域风光、赏别样民风的好去处，尤其可乘船饱览阿穆尔河两岸，让游客体验别样的“黑龙江”风光。

那乃族虽然生活在界江对岸，但始终保留着赫哲族传统的生产习惯和民风民情，比如，他们长期沿袭着古老的渔猎经济，经常划着桦皮船去捕鱼，捕鱼方式以网捞、叉捕等为主，重点捕捞大马哈等鱼，每年的8月20日到9月20日为捕鱼旺季，捕鱼习俗与赫哲族大同小异。捕鱼之余，那乃人还从事原始的狩猎活动，他们使用矛、

船行黑龙江，可以看见对岸俄罗斯切尔纽耶夫炊烟袅袅的那乃人家（图/刘琪）

弓箭、各式捕兽器及猎枪等，重点捕捉鹿、野猪、貂、狐狸及水獭等野兽或毛皮兽，狩猎方式与赫哲族传统的猎业生产习俗如出一辙。随着我国赫哲地区传统的渔猎生产习俗悄悄地消失，到那乃族地区进行深度旅游，可以不同程度地了解到古老赫哲族渔猎生产的某些遗风遗俗。

原汁原味的渔猎风

那乃族的衣食住行同样彰显着赫哲文化的传承因子。他们以吃鱼肉、兽肉为主，以吃刹生鱼为敬，鱼兽肉成为他们一日三餐的基本食品。那乃人的鱼皮衣服种类较多，有外衣、内衣、套裤、护腿、鞋等，各式衣服的制作工艺也与赫哲族相同。那乃人冬季多住在地窨子、半地窨子中，夏季常住在圆锥形或球形窝棚里，后来则住进永久性房屋木刻楞，木刻楞外面雕刻各种花纹，极具民族特色。他们所建的仓房与赫哲族鱼楼子相仿，属桩式建筑，只是称呼不同而已。作为代步的交通工具，那乃人夏季以桦皮船或木船为主，冬季则以滑雪板或狗拉雪橇为主。赫哲人、那乃人共同崇信萨满教。那乃人的音乐文化从整体上承袭了赫哲族民间音乐的艺术特色，传统文化充满了质朴、纯真的东方韵味。弹奏口弦琴、跳萨满舞、唱“嫁令阔”，一脉相承。随着赫哲地区传统的生活习俗日渐消失，到界江对岸的那乃族地区开展深度主题游，成了了解古代赫哲人原始文化内涵的一种有效途径。

目前，俄罗斯那乃区依托当地的自然生态资源和民族文化资源，以丰富的自然遗产和原始森林为载体，开展了以“回归和认知”为主题的原生态旅游活动，并以捕鱼和狩猎游项目开发为平台，全面展示那乃族传统的渔猎生产习俗。他们以“阿纽依斯克民族园”建设为主体，向国外游客推介当地特有的天然景观、名胜古迹以及良好的休闲环境，以吸引外地游客到这里观光赏景，这为赫哲族的跨境主题实践游搭建了良好的互助平台。两国可以利用同源的赫哲族和那乃族聚居地生态原始、风光独特、文化神秘的族缘优势，挖掘两地特有的民族传统歌舞及文化旅游资源，深度开发特色民族手工艺品，发展跨境主题实践游，满足游客对观赏、认识异域风光以及赫哲、那乃族特色文化的多方需求。可以说，以那乃族和赫哲族为主线，以共同的民族特色文化为桥梁，那乃区无疑将成为中俄跨境主题实践游的热点地区。

传统饮食——吃生鱼片（图/黑龙江省民族研究所，刘玉亮修复）

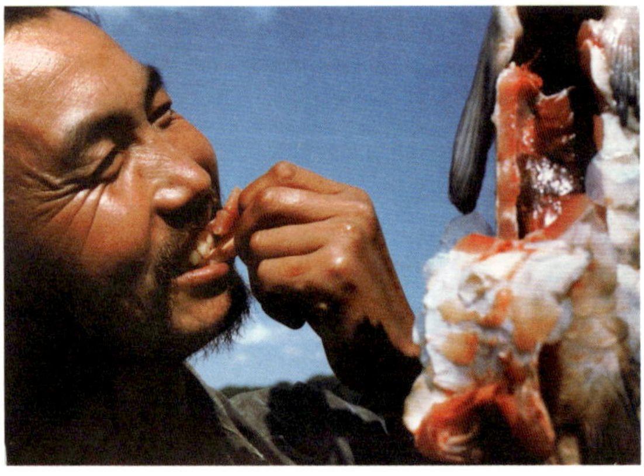

传统饮食——加工刹生鱼（图/黑龙江省民族研究所，刘玉亮修复）

那乃人风情之旅

旅游线路：同江—比罗比詹—哈巴—那乃区—哈巴—同江4日游和3—7日商务考察游。

过境游手续：1.提供本人护照；2.携带一张二寸免冠彩色照片；3.提前3天到旅行社报名；4.出团前详细咨询出境的有关事宜和注意事项。

推荐旅行社：同江三江口旅行社有限责任公司、同江国际旅行社。

四日游日程：

天数	交通工具	观光内容	膳食	住宿
第一天	船 旅游专用车	同江—下列—比罗比詹（车程2小时） 7:00（北京时间）从同江出发，在哈鱼岛东港联检出境，乘船到达对岸港口俄联邦犹太自治州下列港，在下列港联检后乘旅游专用车前往犹太自治州比罗比詹市，入住宾馆，游览城市、电视塔山、阿尔巴特大街、比罗河、沿岸公园、二战广场、火车站、犹太教堂。晚餐后去音乐广场体验俄罗斯犹太民族的民风民情	路餐晚餐	比罗比詹宾馆
第二天	旅游专用车	比罗比詹—哈巴（车程2.5小时） 9:00（当地时间）早餐，早餐后乘车赴哈巴入住宾馆。参观列宁广场、救世主大教堂。用午餐（自助）。自由到商店购纪念品。晚餐后欣赏俄罗斯歌舞（自费）	早餐 午餐 晚餐	哈巴宾馆
第三天	旅游专用车	哈巴—那乃区（车程3小时） 8:00（当地时间）早餐，乘车赴那乃区首府特洛依茨克耶，游览小镇风光，参观那乃（赫哲）博物馆、文化馆，欣赏那乃人特色手工艺品及鱼皮制品，探访那乃渔民，观赏那乃区特色萨满舞及欣赏那乃民族歌曲，午餐后赴阿穆尔河畔，乘渔船赴阿穆尔内河，欣赏河两岸如诗如画的原始森林风光，垂钓。参观俄罗斯养蜂基地，品尝甜美的蜂蜜。江边野餐，品尝垂钓的喜悦及胜利果实。乘船返回宾馆，晚餐后免费体验俄式桑拿浴	早餐 午餐 晚餐	那乃区宾馆
第四天	旅游专用车船	那乃区—哈巴—抚远（车程3小时） 9:00（当地时间）早餐，乘车赴哈巴，沿途欣赏俄罗斯美丽的大自然：原始生态林—湿地—白桦林，抵达哈巴港后乘船返回抚远，结束愉快浪漫的俄罗斯那乃之旅	早餐	

渔猎文化的美妙体验

苏拉卡（片刨花）。这是冬季吃生鱼的方法，把冻鱼剥去鳞，片下薄片，或用木工刨子推成刨花片，蘸着盐、醋和辣椒油吃（图/刘玉亮）

赫哲人不但能把鱼皮加工制作成鱼皮衣服，而且还有烹饪“全鱼宴”的拿手绝活。比较有特色的民族传统饮食为刹生鱼、烤“塔拉哈”、鱼刨花、炒鱼毛、晒鱼肉干、晒大马哈鱼子、烤鱼肉片等等，尤以刹生鱼为“至尊美食”，因其风味独特而成为赫哲族传统饮食中的“极品”，是外地游客最想品尝的菜肴之一。关于刹生鱼的来历，当地还流传这样一个古老传说。相传一位刚过门的新媳妇聪明伶俐，老公公让她做一道鱼菜，要求做好后鱼肉看似生的，吃起来口感又是熟的，新媳妇毫不犹豫地答应了。她把两条活蹦乱跳的活鱼开膛破肚清洗干净，然后把生鱼切成丝，放在桦木盆里，用醋浸泡。接着把鱼皮往火上烤，使之焦黄脆香。之后把鱼皮切成丝放进盆里，最后再放一些佐料，并搅拌均匀，一道刹生鱼菜就这样做好了。老公公吃过几口后赞不绝口，连说：“做得好。”从此，刹生鱼这道名菜便在该民族中间流传开来。每当迎请贵客时，赫哲人还有敬鱼头的礼俗，即鱼头要对着客人，由客人先吃，以示尊敬，此种礼节一直

拉布塔哈(杀鱼片),也是刹生鱼的一种吃法

桦树皮画(图/黑龙江省民族研究所,刘玉亮修复)

延续至今。

吃鱼肉、穿鱼皮之外,赫哲人还以鱼皮、鱼骨和桦皮为材料,把对生活的爱、对自然的赞美,以雕刻或绘画等形式表现出来,形成了一系列别具民族特色的旅游工艺品。《新嫁娘》《赫哲小船》等作品尤受游客喜爱。

《新嫁娘》以大马哈鱼皮镂刻而成。整幅画以新娘头部为核心,以自上而下俯瞰为视角,先映入眼帘的是新娘鬓角上插的一朵鲜花,以圆形裙裾陪衬四周,间或配以纹饰。为突出新嫁娘的喜庆主题,还独具匠心地为她设计了4条胳膊,每只手上各拿一条鱼,以此预示新娘将给婆家带来更多子孙,或寓意富贵有余(鱼),因而颇受年轻游客喜爱。

《赫哲小船》整幅画以小船为主题,共有9条船,且形态不一,首尾相连,形成一个圆圈。每条船上竖起一根桅杆,杆的顶端设计成鱼叉图形,下方设计1只小鸟。让人称奇的是,渔船不是浮在水面上,而是浮在鱼背上,中间有两条鱼儿首尾相对,表达了古代赫哲人对捕鱼生产和丰收的祈盼之情。此类画受到游客的普遍欢迎,供不应求。

俄罗斯远东地区那乃族村镇(图/刘琪)

撰稿专家

姜洪波,黑龙江省委政策研究室研究员,黑龙江省民族研究所特聘研究员,主要从事黑龙江省少数民族历史文化研究。参与《黑龙江赫哲族文化》《赫哲族教育》《中国少数民族古籍总目提要·赫哲族卷》等书稿撰写工作,在《黑龙江民族丛刊》《北方论丛》以及《体育文史》等刊物上发表论文30余篇。

《浅析赫哲族的人形图案艺术》

扫描二维码,
阅读专家代表著作的电子版

赫哲族聚居地之一——饶河县境内乌苏里江流域的湿地，笼罩在晨雾之中(图/视觉中国)

“中华民族文化大系”牢牢把握为祖国各民族做一张历史文化名片的编辑宗旨，以人为本，从细节入手，力争展示每个民族的亮点、特点和发展过程中的关键点。这套“集大成”之作，从撰稿到出版，历经数载，凝聚了众多专家学者的心血，得到诸多领导、同仁、读者的关心与支持，亦参考借鉴了相关研究成果，因体裁所限，未能逐一标注，特此申明，并深表谢意！

需要说明的是，书中部分文字、图片、音乐、视频等，经多方努力，仍未能找到相关作者或著作权人的联系方式。作者或著作权人如发现请随时与我们联系（meimin56@163.com），我们在核实后将奉上稿酬。

民族文化丰富而博大，繁复而琐细，虽已尽全力核查、考证，但挂一漏万，肯定还存有不少谬误，恳请读者批评斧正。

本书编委会

2017年6月

图书在版编目(CIP)数据

乌苏里渔歌 ：赫哲族 / 都永浩主编. -- 上海 ：上海锦绣文章出版社：上海文化出版社，2017.8(2018.3重印)
(中华民族文化大系)
ISBN 978-7-5452-1879-4

Ⅰ. ①乌… Ⅱ. ①都… Ⅲ. ①赫哲族-民族历史-中国②赫哲族-民族文化-中国 Ⅳ. ①K282.5

中国版本图书馆CIP数据核字(2017)第166443号

上海文化发展基金会图书出版专项基金资助项目

责任编辑 李 平
整体设计 周艳梅
美术编辑 费红莲
督 印 张 凯

书 名 乌苏里渔歌——赫哲族
主 编 都永浩
出 版 上海锦绣文章出版社 上海文化出版社
出 品 上海故事会文化传媒有限公司
(200020 上海市绍兴路74号 www.storychina.cn)
发 行 上海文艺出版社发行中心
(上海市绍兴路50号)
印 刷 上海雅昌艺术印刷有限公司
版 次 2017年8月第1版 2018年3月第2次印刷
规 格 787×1092 1/16 印张 10.25
书 号 ISBN 978-7-5452-1879-4/G · 719
定 价 70.00元

故事会 大众文化出版基地 www.storychina.cn 上海故事会文化传媒有限公司 出品(00643) www.storychina.cn

上海故事会文化传媒有限公司所有图书可办理邮购，免收邮费(挂号除外)
汇款地址：上海市南绍兴路74号(200020)
收 款 人：上海故事会文化传媒有限公司出版发行部
联系电话：021-64338113

如发现本书有质量问题。请与印刷厂质量科联系 T：021-68798999